SCHOOL OF FINANCE

理财学院

现货白银投资
实战技巧

蒋杰 / 编著

中国铁道出版社

CHINA RAILWAY PUBLISHING HOUSE

内 容 简 介

本书采用了理论知识与真实案例相结合的方式，向投资者详细地介绍了现货白银投资的相关知识。

本书共 10 章，主要内容包括：现货白银投资快速入门、影响现货白银价格的基本面因素、利用 K 线图分析现货白银价格走势和预测后市行情、成交量是现货白银投资制胜的关键、利用均线研判现货白银投资机会、从分时图中找银价最佳买卖点、重视银价运行中的支撑与压力、通过技术指标寻找现货白银价格买卖信号以及做好现货白银投资策略与风险防范。

本书结构清晰、案例丰富、实战性较强，适合广大的现货白银投资的初学者、爱好者进行现货白银投资的入门学习，同时也可供现货白银投资的从业者、研究者以及高校师生参考阅读。

图书在版编目（CIP）数据

现货白银投资实战技巧 / 蒋杰编著 . —北京：中国
铁道出版社 , 2017.10
（理财学院）
ISBN 978-7-113-23139-2

Ⅰ . ①现… Ⅱ . ①蒋… Ⅲ . ①银 - 投资 - 基本知识
Ⅳ . ① F830.94

中国版本图书馆 CIP 数据核字（2017）第 114658 号

书　　名	：理财学院：现货白银投资实战技巧		
作　　者	：蒋　杰　编著		
责任编辑	：张亚慧	读者热线	：010-63560056
责任印制	：赵星辰	封面设计	：MXK DESIGN STUDIO

出版发行：中国铁道出版社（100054，北京市西城区右安门西街 8 号）
印　　刷：三河市宏盛印务有限公司
版　　次：2017 年 10 月第 1 版　　　2017 年 10 月第 1 次印刷
开　　本：700 mm×1 000 mm　1/16　印张：15.5　字数：219 千
书　　号：ISBN 978-7-113-23139-2
定　　价：45.00 元

前言

P R E F A C E

2015 年，注定是中国股市难忘的一年。从牛市起步到"疯牛"的形成，再到股灾爆发，导致流动性完全丧失，最后监管部门不得不出手救市。仅通过"T+1"做多盈利的国内股票市场，已经不再如往年般受到投资者疯狂追捧。随着融资融券和股指期货的推出，庄家可以双向操作盈利，而这对散户投资者来说，股市已经失去了它原有的平衡。

因此，许多投资者开始转向投资市场的其他产品。其中，现货白银因其国际化的特点、投资方式灵活、交易自由以及市场公平等优势，受到众多投资者的热烈追捧。

本书首先讲解了现货白银投资的快速入门、影响银价的基本面因素以及 K 线和 K 线图的使用技巧，然后通过成交量、均线、分时图以及技术指标分析银价走势和确定买卖点等，最后讲解如何做好现货白银投资策略与风险防范。

本书在讲解上由浅入深，循序渐进，并且注重现货白银投资的实战应用性，根据大量的实际现货白银价格走势案例来进行投资分析。让投资者通过实例加深对现货白银投资的印象，从而提高自己的投资技巧。

本书包括 10 章内容，具体章节的内容如下所示。

◎ 第一部分：第 1~2 章

本部分主要介绍了现货白银投资快速入门的知识和影响现货白银价格的基本面因素，帮助读者快速掌握现货白银基本知识和常见的基本面因素。

◎ 第二部分：第 3~5 章

本部分主要讲解了利用 K 线图分析现货白银价格走势、通过 K 线图反转形态预测现货白银后市及成交量是现货白银投资制胜的关键等。其中，对 K 线组合应用实战进行了重点讲解。

◎ 第三部分：第 6~9 章

本部分主要是通过移动平均线、分时图、趋势线、轨道线、黄金分割及技术指标等工具，对现货白银进行了技术分析，从而帮助投资者快速分析出银价后市行情走势，进而判断出准确的买卖点。

◎ 第四部分：第 10 章

本部分主要是对现货白银的投资策略和风险防范进行具体分析，从而帮助投资者在现货白银交易中做出合理的投资策略，并有效避免交易过程中可能遇到的风险。

本书在语言上通俗易懂，采用理论知识与实际操作案例相结合的写作方式，帮助读者更好地将理论知识运用到实际投资中。书中使用的真实案例，丰富了现货白银投资相关知识的同时，也避免了读者对阅读产生乏味感。根据涉及的内容，本书的读者定位在现货白银投资初学者、爱好者，以及具有一定投资经验的投资者。

最后，希望所有读者能够从本书中获益，同时在实际投资中获得利润。由于编者能力有限，对于本书内容不完善的地方希望获得读者的指正。

编 者

2017 年 7 月

02 .PART. 影响现货白银价格的基本面因素

近几年，白银产品投资备受关注，越来越多的投资者开始投资现货白银。对白银投资市场的分析、盈利情况以及价格影响因素成为投资者目前非常关注的问题。投资者也都知道，白银投资盈利主要是看白银的价格波动来进行判断。那么，本章就来看看影响现货白银价格波动的基本面因素有哪些。

目 录

C O N T E N T S

01 .PART. 现货白银投资快速入门

"你不理财，财不理你"，如今，理财的观念已经深入到了人们的心中。其中，白银投资由于其门槛低、收益高等特点受到不少投资者的关注。而白银投资中发展非常迅速的就是现货白银投资，本章就一起来认识现货白银。

03 .PART. 利用 K 线图分析现货白银价格走势

有投资经验的投资者都知道，不管进行哪种类型的投资，在做技术分析时都需要用到一个工具，那就是 K 线图。K 线图对于现货白银投资者来说，是分析银价未来走势的一个非常重要的工具，本章就来详细介绍 K 线图的使用方法。

04 .PART. 通过 K 线图反转形态预测现货白银后市行情

在 K 线图中，除了可以查看单根 K 线与 K 线组合之外，银价长期的 K 线走势还会形成不同的形态，这些形态既有反转形态，也有反转前的持续调整形态，它们都是判断银价后期走势的重要依据，本章将会对它们进行详细介绍。

05 .PART. 成交量——现货白银投资制胜的关键

成交量是表示市场供需关系的指标，大量的买单或卖单最后都反映在成交量中。这在现货白银市场上也是一种重要的市场指标，虽然现货白银成交量没有股票成交量那么完全精准，但现货白银成交量是一个相对指标，代表一种市场趋势。因此，对于现货白银投资者来说，成交量可能是现货白银投资制胜的关键。

06 .PART. 利用移动平均线研判现货白银投资机会

　　在现货白银投资中，移动平均线是投资者研判现货白银买卖点的必不可少的分析工具。要想准确地进行技术分析判断入场与出场时机，就要求投资者对移动平均线十分了解。那么，投资者应该如何更好地利用移动平均线呢？本章就对其进行详细介绍。

07 .PART. 从分时图中找到银价当日的最佳买卖点

分时图是一个非常重要的量比指标，它对判断现货白银买卖点来说非常实用。表面上分时图提供了现货白银多空方向的参考和研判，实际上分时图体现了所有投资者操作的阶段性问题。总之，分时图可以为投资者提供足够多的关于最佳买卖点的信息。

08
.PART.

重视现货白银价格运行中的支撑与压力

在 K 线图中，可以使用各种直线将银价的运行轨迹连接起来，如趋势线、轨道线及黄金分割线。此时，从这些直线中可以发现银价的运行是有规律可循的，投资者可以通过这些运行规律判断出银价在运行中的主要支撑位与压力位，从而进一步分析出现货白银的买卖点。

09 .PART. 通过技术指标寻找现货白银价格买卖信号

在 K 线图中，除了可以看到银价走势和各种均线外，还可以查看一些其他的主图窗口，而这些窗口中的内容同样可以为投资者提供银价走势的买卖信号，它们有一个共同的名称，叫作技术指标。技术指标的种类有很多，如 MACD、KDJ 及 BOLL 等，本章就来认识一些常见的技术指标。

10 .PART.   做好现货白银投资策略与风险防范

投资者在投资现货白银时，资金被放大了很多倍，所以有机会以小博大，但与之对应的风险也会被放大。在这样的情况下，投资者不仅需要做好投资策略，拥有正确的投资心理，还要有高的风险防范意识，这样才能在布满"地雷"的现货白银市场获得收益。

.01. PART.

市场中的
白银现状

现货白银
投资概述

现货白银
资讯查看

现货白银
交易过程

现货白银投资快速入门

"你不理财，财不理你"，如今，理财的观念已经深入
到了人们的心中。其中，白银投资由于其门槛低、收益高等
特点受到不少投资者的关注。而白银投资中发展非常迅速的
就是现货白银投资，本章就一起来认识现货白银。

1.1 投资市场中的白银投资现状

> 在 1980 年，由于石油危机和地缘政治的急剧动荡，贵金属成为重要的金融避险工具。在贵金属投资市场中，因为白银的资源储备比黄金稀缺，且工业需求量大，因此受到许多投资者的青睐。下面我们就一起走进白银的世界，来了解其投资现状。

1．白银也曾是一种货币

与黄金一样，作为贵金属，白银可以看作是一种天然的货币。尤其在中国古代，人们更加偏爱白银。白银的价格相对于黄金来说，古今差异很大，古代白银的购买力远远高于现在，因为白银在中国古代老百姓的经济生活中扮演着极为重要的角色。

一千多年以来，中国老百姓就与作为流通货币的白银有着"剪不断、理还乱"的关系，下面就一起来回顾一下白银在货币发展历史中所扮演的角色。

在唐代，虽然主要货币是铜钱，但白银也开始在民间作为货币流通起来。等到了北宋初年，由于四川一带地势险峻，所以在五代十国的战乱中四川幸免于难，而此时四川的工商业也较为突出。当时大宋王朝担心铜钱外流，就不允许其使用当时全国通行的铜钱，而必须使用铁钱。而铁比铜重，不易于携带和使用。于是，位于四川成都的 16 个商家就自发组织建立了一个金融机构，并发行了纸币的鼻祖——"交子"。不过，"交子"只能流通于四川境内。在元代，以"交子"为基础的纸币已经成为政府新宠。

到了明代，虽然民间早已开始大量使用白银作为流通货币，同时铜钱也变成了白银辅助货币，但明朝皇帝还是强行发行了一种纸币——宝钞。在明朝初期，政府就规定：1元宝钞可换1两白银或1 000文铜钱。在宝钞流通初期，因发行量不是很大，还能保持其价值。但仅仅不到二十年，宝钞已经开始出现贬值现象。为了保持宝钞的购买力和价值，政府规定民间严禁使用金、银等金属流通货币，不过这一禁令并没有影响到老百姓对白银的使用。之后，国家基本已经放开了白银的使用权限，这也使得白银出现在老百姓的衣食住行当中。

到20世纪初，当时全世界的主要国家中，只有中国还是完全的银本位制。到1935年，国民政府实施法币政策，放弃了用银圆做货币。到新中国成立后，白银的货币特性完全被纸币取代，其货币光环也被摘掉，在经历了500多年大起大落的日子之后终于尘埃落定，白银最终演变成商品，供投资者进行投资。

从上面的历史可以看出，在中国很早就开始将白银作为货币使用。白银是我国最为古老的货币之一，老百姓最重要的资产储备更是离不开白银。

在当今社会，虽然白银已经没有了货币性能，但却被广泛地应用在制造业中，所以投资者也常常通过白银价格来查看实体经济。在2011年白银价格达到阶段性高价后，近几年都呈现平缓下滑，全球实体经济投资减慢。由此也可以看出，白银曾经作为货币存在，但现在最主要的作用是实体经济的观察点。

2．白银的多种投资方式

有些投资者可能会认为白银投资离自己很远，其实并非如此，它早已经延伸到了普通民众的生活之中。

理财学院：现货白银投资实战技巧

目前，白银是国际投资市场中热门的投资产品，不仅有投资价值，还有很高的收藏价值，所以投资者非常钟情于白银的投资。同时，投资者可以通过不同的方式对白银进行投资。那么，白银投资有哪几种方式呢？下面就来进行详细介绍。

■ 实物白银投资

实物白银可以分为银条、银币和银饰 3 类，这是投资者最熟悉的白银品种，同时它也是"中国大妈"最喜欢的一种投资方式。前几年，"中国大妈"抢购黄金与白银的热潮引起了世界各国的关注。其实，实物白银投资的理解非常简单，就是在其价格低时买进，价格高时卖出。

每年中国人民银行都会发行各种类型的银币，且发行的种类多、数量大、价格低。对于投资者来说，投资实物白银，可以获得比较稳定的收益，投资者可直接到贵金属投资公司、商业银行以及银店等地方购买。一般来说，投资性银条和银币具有一定的投资价值和变现能力，而收藏性银条、银币和银饰，由于其加工、工艺设计费用较高和回购渠道不畅通等原因，投资价值不高，一般不建议投资。

【提示注意】

投资者在投资实物白银时需要注意，一定要提前弄清楚实物白银的回购机制是否顺畅，否则就很可能会出现买入容易卖出难的困境。同时还要注意白银的氧化问题，以免因品相不佳而使投资受到影响。

■ 现货白银投资

现货白银，也叫国际现货白银和伦敦银，现货白银投资就是大家熟知的白银电子盘交易。即时交易，即在交易成交后的当天或数天后交割，没有交割期限。同时，现货白银以保证金形式交易，交易成本低，操作简单，买涨买跌都能赚钱，是当前许多投资者都比较喜欢的一种投资理财产品，而且它还提供杠杆交易，如果在投资中操作正确，则极易短时间内获得巨额时间。当然，对于投资者来说，往往高收益就伴随着高风险，这也就需要投资者拥有敏锐的洞察力了。

其实，白银和黄金一样，是全球流通的金融产品。现货白银每天的交易量巨大，日交易量约为 20 万亿美元。因此，没有任何财团和机构能够人为操控如此巨大的市场，完全靠市场自发调节。现货白银市场没有庄家，市场规范，自律性强，法规健全。

■ 白银 T+D 投资

白银 T+D 也叫白银 TD，T 是 Trade 的简写，D 是 Delay 的简写，也可以称为白银延期交易。白银 T+D 是由上海黄金交易所统一制定，规定在将来某一特定时间和地点交割一定数量标的物的标准化合约，2008 年正式对个人开放，产品代码是 AG（T+D）。

白银 T+D 投资是以保证金的方式进行的一种现货延期交收业务，通过在银行开通此业务来进行买卖做单交易。买卖双方以一定比例的保证金确立买卖合约，该合约不必以实物交收，买卖双方可以根据市场的变化情况买入或卖出以平掉持有的合约。当然，在持仓期间将会发生每天合约总金额万分之二的延期费。

【提示注意】

目前，已经有许多家银行为个人投资者开设了白银 T+D 交易，如中国工商银行、中国民生银行及兴业银行等。由于白银 T+D 交易使用了杠杆机制，加上白银的价格比较便宜，因此银行对投资者的投资要求也比较低。

■ 纸白银投资

纸白银是一种个人凭证式白银，是继纸黄金后的一个新的贵金属投资品种，投资者按银行报价在账面上买卖"虚拟"白银，个人通过把握国际白银走势低吸高抛，赚取白银价格的波动差价。投资者的买卖交易记录只在个人预先开立的"白银账户"上体现，不会进行实物白银的提取和交割操作。其优势在于投资门槛比较低，同时交易时间和国际白银交易时间一致，可以实现24小时不间断交易（节假日除外）。但是投资者只能先买后卖，不能做空，而且交易成本也较高，一般单边为1%左右。

目前，中国内地的纸白银交易是通过中国工商银行进行，投资者可以通过银行柜台和网银来进行交易。纸白银的价格虽然较低，但价格波动较大，需要谨慎操作。

■ 白银期货投资

白银期货是指以未来某一时点的白银价格为标的物的期货合约。白银期货合约是一种标准化的期货合约，由相应期货交易所制定，上面明确规定了详细的白银规格、白银的质量及交割日期等。

在国内投资市场上，白银期货于2012年5月10日在上海期货交易所上市，从而结束了我国作为白银生产和消费大国却长期没有价格发言权的历史。在国际投资市场上，比较著名的白银期货交易所分别是伦敦金属交易所和纽约金属交易所，它们的白银期货价格一直反映并指引着现货白银的价格变动。

白银期货更倾向于投机需求，投资者可以做空市场，靠银价下跌获利，具杠杆效应、流动性高及价格公开公平等优点，如果投资者不对白银期货进行交割，则不需要承担实物白银的储存风险。

3. 国内有哪些常见的白银交易场所

白银的投资方式有很多，但是在进行白银投资之前，首先需要选择一个合法正规的白银交易场所。目前，国内白银交易所比较出名的有4家，分别是上海黄金交易所、天津贵金属交易所、广东省贵金属交易中心以及上海期货交易所。具体介绍如下。

◆ **上海黄金交易所**：由我国国务院批准，中国人民银行组建，在国家工商行政管理总局登记注册，是中国唯一合法从事贵金属交易的国家级市场，在其中可以进行白银投资。上海黄金交易所的交易人群覆盖面广，特别它的白银 T+D 产品，已经是国内白银投资的首选品牌。

◆ **天津贵金属交易所**：是目前国家唯一批准的做市商模式 (OTC) 的黄金、白银等贵金属交易市场，并由交通银行来资金三方托管的合法金融机构，和上海黄金交易所同一个性质。其天通银产品参考国际白银价格进行独立报价，是国内非常具有人气的的一种白银投资产品。

◆ **广东省贵金属交易中心**：是经广东省政府同意，由广东省经济和信息化委员会批复成立，由广东省黄金公司和广东立信企业有限公司共同发起组建的广东省唯一一家省级贵金属交易机构。广东省贵金属交易中心虽然成立的时间比较晚，但近年来发展非常迅速。其推出的粤贵银产品，交易方式较多，期限灵活，同样受到国内投资者的热捧。

◆ **上海期货交易所**：是依照有关法规设立的，履行有关法规规定的职能，按照其章程实行自律性管理的法人，并受中国证监会集中统一监督管理。上海期货交易所目前上市交易的有黄金、白银、铜、铝、锌、铅、螺纹钢、线材、燃料油及天然橡胶、沥青11种期货合约。

上面介绍的 4 家交易所可以说是国内最权威的白银交易所，剩下的其他白银交易所基本上都是这 4 家交易所旗下的会员单位，或者是地方性的民营交易所。

4．如何选择合适的白银投资机构

目前，随着网络技术的发展，网上白银投资机构纷纷涌现。由于白银的监管相对于黄金没有那么严苛，且白银价格比较便宜，最终导致市场呈现鱼龙混杂的局面。对于投资者来说，必须要有明辨投资机构是否正规的能力。

因为选择合法正规的投资机构，可以决定白银投资的成功与否。同时，投资者还需要警惕白银投资中的销售陷阱与工作人员的误导。此时，需要做到以下几点。

◆ 警惕接听陌生的销售电话，不要被白银销售人员所说的高利润所迷惑。

◆ 不要相信任何便宜购买白银的信息，也不要相信任何免收交易手续费的白银投资机构。

◆ 对于委托责任要明确知晓，避免造成投资者因为合同盲点而吃亏。

而选择正规的投资机构，可以从标明的交易所、软件下载、白银交易技巧板块及合作伙伴等方面来看。不过，投资者首先需要知道如何找到现货白银投资平台。

启动 IE 浏览器，通过搜索引擎搜索"白银投资平台"关键词，在搜索出的列表中可以查看到多家投资机构，单击超链接进入一家投资机构网站，如"银天下"，就会查看到如图 1-1 所示的页面（http://www.98.cn/）。

图 1-1 银天下首页

银天下是一家为中国投资者提供现货投资服务的大宗商品现货电子交易服务商,提供从投资交易、行情分析、市场咨询、研究支持到决策交易的"一站式"现货投资服务。下面就以该投资平台为例,来介绍专业且安全的投资平台应该具备的要素。

◆ 一家正规的白银投资机构,会在其网站页面中直接显示合作银行与合作的专业交易所。同时,还有多种联系方式,投资者可以到交易所验证其真假,如图 1-2 所示。

图 1-2 投资机构的合作交易所与联系方式

◆ 专业的白银投资机构，会为投资者提供独立的投资软件，并供其下载（一些白银投资软件需要在网站注册后才能下载安装），如图1-3所示。

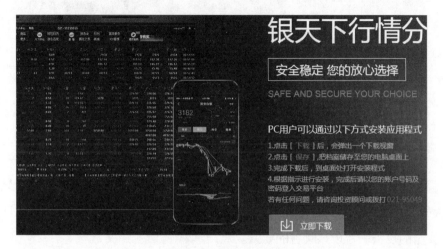

图1-3　银天下行情分析软件下载

◆ 银天下网站还有专门的投资者学院，其中包含基础课堂、技术指导及常见问题等板块，这些应该是一个专业的投资机构所具备的，如图1-4所示。

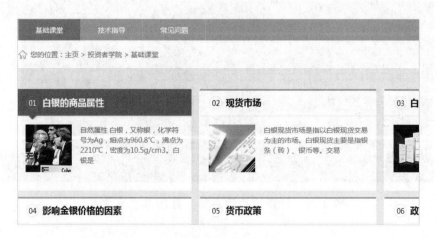

图1-4　银天下投资机构的投资者学习板块

◆ 正规合法的白银投资机构，还应该专门显示白银行情走势的板块，且该走势为当前最新数据，如图1-5所示。

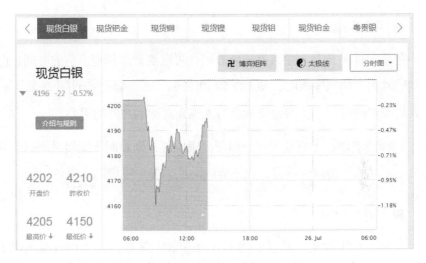

图1-5 银天下中的白银走势板块

1.2 现货白银投资概述

> 在全球的白银市场中，现货白银投资是很受投资者欢迎的投资方式之一，主要因为它具有期限灵活、市场透明度高及交易方式多样的特点。下面就让我们来对现货白银进行详细的认识。

1. 现货白银投资者必须知道的"自然定律"

在现实生活中，总会遇到一些自然定律，而这些自然定律完全可以运用到现货投资中，关键是如何运用。如果投资者把生活中的自然定律用到了投资中，会觉得其实现货投资并没有想象中那么神秘。那么，哪些自然定律可以运用到现货投资中呢？

■ 手表定律

手表定律是指当一个人有一只表时，可以准确地知道当前的时间，而当他同时拥有两只手表时，却无法确定时间。因为两只手表并不能告诉一个人更准确的时间，反而会使看表的人失去对准确时间的信心。

同样的道理，当将其运用到现货白银中时，则表明不能同时用两个存在价格差异的行情软件看盘，也不能同时跟着多个投资高手做单。

■ 二八定律

任何一组事物中，最重要的部分只占 20% 左右，其余 80% 虽然属于多数，但却是次要的。在经济社会中，大概有 80% 的财富掌握在 20% 的人手中，而 80% 的人只拥有 20% 的财富，这就是二八定律。

将其运用到现货白银中，则表明在 80% 的行情中，都是无所作为的，投资者不如就抓住几个可以赚钱的行情，其他时间最好不要入场。同时，在 80% 的亏损中，都是因为几次非常大的下跌所造成，所以止损显得尤为重要。

■ 马太效应

在《圣经·马太福音》一书中，有一句非常出名的话，"凡有的，还要加给他，叫他有余；没有的，连他所有的，也要夺过来"。

当将其运用到现货白银中，则表明投资者对于赚钱的单，可以进行加仓，不过一定不要加到满仓；而对于亏损的单，为了避免造成更大的亏损，需要及时对其进行止损。

■ 蝴蝶效应

20 世纪 70 年代，美国一个名叫洛伦兹的气象学家在解释空气系统理论时说，亚马逊雨林一只蝴蝶翅膀偶尔振动，也许两周后就会引起美国得克萨斯州的一场龙卷风，这就是所谓的蝴蝶效应。其原理是，初始条件十分微小的变化经过不断放大，对其未来状态会造成极其巨大的差别。有些小事可以不在乎，不过将这些小事经过系统的放大，则对一个组织将会产生很大的影响。

当将其运用到现货白银中，则表明不能小看 M1 图（5 日均线）中价格细微的波动，投资者可能会从这些小波动中找出价格走势的大方向。

2．现货白银有哪些投资价值

现货白银是国际市场的重要投资品种，而现货白银市场是全球资金量最大的投资市场之一。在最近几年中，现货白银投资因其显著的保值避险特点，受到了世界各地的投资者的青睐。

目前，国内投资者的主要投资渠道是房产、基金、股票及保险等，但是这些投资渠道具有诸多共性，在相同外部环境影响下，很容易导致资产价格出现大幅波动。此时，投资者可以适当投资现货白银，以提高投资过程中的抗风险能力。那么，现货白银具有哪些投资价值呢？具体介绍如下。

◆ **安全性**：当社会出现严重的经济危机、通货膨胀、战争以及自然灾害等偶发事件时，白银价格一般会上涨。因此，在投资资产组合中配置一定量的现货白银，可以有效地抵御突发事件所造成的资产贬值风险。

◆ **稳定性**：与证券一般的大宗商品相比较，现货白银投资表现出了比较良好的稳定性。从现货白银开始交易以来，其基本都处于长期上涨趋势中，高于同期通货膨胀率和股票指数的涨幅。

◆ **实用价值性**：在很多工业领域，白银具有很多工业用途。这有点类似于期货。所以白银价值更不可能跌到与钢材、白铁等产品一样。

◆ **不易操控性**：白银与黄金、重油等很像，属于国际化盘子，必须遵循国际环境变化。与股票相比，很难被某个机构或某一利益集团操控。在国际化环境下，现货白银的操盘者基本上人人平等。

◆ **流动性**：与房产、基金、股票及保险等投资产品相比，现货白银具有更强的变现能力。

◆ **本质优势性**：采用保证金交易，可以以小博大，使得投资门槛大大降低；双向交易，不存在熊市、牛市，涨跌都可以获利；24小时连续交易，可以把握美盘时段的大行情，也避免了隔夜单的风险；当天交易模式，随买随卖，一天可以交易数次。

当前黄金价格与白银价格相比较，处于一个严重不合理的状态。因此，相对现货黄金来说，现货白银会有更大的升值空间，而对于后市来说，现货白银还存在非常大的投资价值。

3. 投资现货白银需要做好哪些准备工作

目前，现货白银投资已经成为一种投资趋势。那么，投资者在投资之前需要做哪些准备工作呢？如果投资者从未接触过现货白银投资，那么就需要做好如下准备工作。

◆ 熟悉国内大宗商品交易平台与各大权威交易所，如齐鲁商品交易中心、上海黄金交易所及天津贵金属交易所等，它们的会员单位也需要多加关注。

◆ 投资者需要对影响白银价格的基本面因素和技术面因素进行详细
了解与分析。其中，基本面因素如美联储议息会议、非农数据公
布及通货膨胀等，技术面因素如 K 线图分析、形态分析及银价趋
势分析等。

◆ 投资者需要做好承受风险的心理准备，特别是止损时。每次下单
之后，都必须设置好止损。投资现货白银最重要的就是遵守好交
易的相关规定。

◆ 投资者需要做好必要的资金准备，投资现货白银属于杠杆性交易，
大约在 20 ~ 30 倍，有的高达 50 倍。如果投资者把控得比较好，
那么将会获得很好的收益；如果投资者把控得不好，也可能会输
得很惨。

◆ 一些投资者在投资过程中，不能坚持下来的主要原因在于，亏损
了几次之后，内心充满了恐惧，然后在大行情来的时候，害怕再
失手。其实，不管之前被止损或清扫过几次，一次大行情后基本
可以全部赚回来。投资现货白银最重要的一点就是克服内心的恐
惧，不仅要谨慎，更要有耐心。

1.3 现货白银资讯查看方法

　　不管是哪种投资产品，都有自己查看资讯的方法，现货
白银也不例外。投资者不仅可以通过白银交易所的官方网站
查看，还能通过白银投资机构的门户网站查看。

1．在天津贵金属交易所官网查看公告

天津贵金属交易所是目前国家唯一批准的做市商模式 (OTC) 的贵金属交易市场，所以在其官网上查看到的公告基本属于最新的且非常准确的信息，如图 1-6 所示为天津贵金属交易所官方网站首页（http://www.tjpme.com/index.html）。

图 1-6　天津贵金属交易所首页

其实，在天津贵金属交易所官方网站中查看公告的方法也很简单，投资者可以根据以下方式进行即可。

Step01 进入到天津贵金属交易所官方网站，在首页的菜单栏中单击"公告"菜单项，选择"交易所公告"命令。

Step02 在打开的页面中即可查看到最新的公告，单击列表中的任一公告，即可查看到该公告的详细内容。

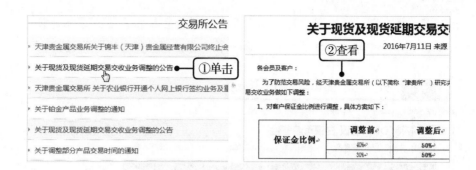

2. 在"第一白银网"中查看白银行情

第一白银网，成立于 2011 年，是一家专业白银投资查询网站，提供白银行情走势变化、白银价格实时查询及白银投资分析指导等相关内容。第一白银投资网与多家银行机构合作，为白银投资者提供各类银行白银投资产品的开户指导。如图 1-7 所示为第一白银网的首页（http://www.silver.org.cn/）。

图 1-7　第一白银网首页

投资白银最基础的操作就是要学会查看当前最新的价格行情，在第一白银网上，可以快速准确地查看到现货白银的具体行情，具体操作如下。

理财学院：现货白银投资实战技巧

Step01　进入第一白银网首页，如果要查看现货白银在当日的具体走势，在页面菜单栏中单击"白银价格"选项卡，单击"现货白银"超链接。

Step02　在打开的页面中即可看到现货白银的最新价格，为 19.6161 元。而在现货白银走势图中可以查看到当日的现货白银的价格走势。

在第一白银网上，除了可以查看现货白银的当前行情外，还为投资者提供了多种与现货白银有关的服务，下面就来简单认识一下。

◆　第一白银网与国内外许多白银交易所都有合作，可以及时收集并整理与现货白银相关的各类资讯。此时投资者只需要在"白银资讯"菜单项中单击"现货白银"超链接，即可查看相关资讯，如图1-8所示。

图1-8 最新现货白银资讯

◆ 通过第一白银网的"学堂"栏目，投资者不仅可以学习到白银的投资知识及查看到相关资讯，还能进行相应问答和白银投资，如图1-9所示。

图1-9 第一白银网的"学堂"栏目

◆ 在第一白银网的"财经日历"栏目中，可以查看到及时、准确、全面及专业的财经金融信息。在这里，投资者可以总览到全球重大财经事件及会议，不会错过每天最重要的财经要闻，看清财经大势，挖掘最有价值的投资参考信息，如图1-10所示。

2016年07月26日 经济数据一览							
时间	国家(地区)	指标名称	重要性	前值	预测值	公布值	
06:45		新西兰6月贸易帐	★★★	3.58	1.5	1.27	利多美元
		新西兰6月出口	★★★	45.7	42.2	42.6	利多金银
		新西兰6月进口	★★★	42.2	41.3	41.3	影响较小
		新西兰6月12个月贸易帐	★★★	-36.33	-33	-33.13	利多美元
07:30		澳大利亚7月24日当周ANZ消费者信心指数	★★★	114.9	114.9	115.5	利多金银
07:50		日本6月企业服务价格指数年率	★★★	0.2%	0.1%	0.2%	利多金银
15:00		西班牙6月PPI月率	★★★	0.8%	--	待公布	
		西班牙6月PPI年率	★★★	-5.5%	--	待公布	
16:30		英国6月BBA房屋购买抵押贷款许可件数	★★★	42187	39650	待公布	

图 1-10　第一白银网的"财经日历"栏目

🌐 1.4　现货白银交易的具体过程

> 投资者在开始投资现货白银之前，一定要对其基本的交易流程进行了解，如开户、交易软件下载及行情分析软件的使用等，只有做好了这些，才能顺利地进行现货白银投资。

1．开立现货白银交易账户

现货白银开户，即投资者在进行投资之前需要开通交易账户和资金账户的行为。开通现货白银账户之后，投资者就可以进行现货白银投资了。不过在这之前，需要对一些相关的交易细则进行了解，如表 1-1 所示。

表 1-1　现货白银交易细则

名称	详情
合约单位 / 每手	每手 5000 盎司
累计凭证	交易量最小 0.01 手，最大 30 手

续表

名称	详情
合约单位／每手	每手 5000 盎司
差价（正常情况）	伦敦银 200 美元／手
开户保证金	开户保证金是指交易商规定投资者在开设外汇保证金交易账户时，必须交纳的最低存款金额。一般最低开户保证金为 50 美元
交易保证金	交易保证金是指交易商规定投资者入市买入或卖出现货白银时，即开盘买卖时投资者账户所必须具有的保证金。现货白银为 950 美元／手
维持保证金	维持保证金是指在持仓过程中，投资者的保证金能够维持交易账户继续持有敞口头寸的最小金额。当投资者账户的保证金比例为 30% 时，系统便会对其强行平仓。现货白银为 285 美元／手
周末及假期保证金	周末及假期期间，保证金水平必须维持在 150% 或以上，否则会促成强制平仓，使保证金恢复至要求水平。现货白银为 1425 美元／手
锁仓保证金	锁仓是指投资者做了产品相同、数量相同，但方向相反的交易；锁仓保证金是指对锁仓的头寸部分所收取的保证金。锁仓保证金为锁仓订单保证金总和的 1/4。投资者在解锁时，若保证金不足系统将予以提示，投资者需要自行预算补足保证金后方可解锁
可用保证金	可用保证金是指投资者账户的保证金净值减去已用保证金的余额
当日利率买卖均需要支付利息	买入为 1.25%，卖出为 0.75%
强制平仓原则	账户净值与斩仓保证金比较，当账户净值≤斩仓保证金时，即会触发强平
斩仓保证金	交易时段为 285 美元／手；周末及假期为 1425 美元／手
佣金	一般情况，交易佣金为 50 美元／手
强制平仓执行次序	亏损最大的订单优先被强平，如亏损订单已全被强平，但保证金水平仍然低于要求水平，盈利订单便会继续被强平，直至保证金水平大于要求水平；如果在强平时，出现金额相同的亏损或盈利订单，会以先平建仓时间较前的订单为原则平仓

其实，现货白银的开户操作非常简单，投资者只需要满足相关的开户要求，然后根据投资机构的相关提示进行操作即可。下面就通过在银天下网站中开通现货白银交易账户为例，来讲解相关的操作。

Step01 进入银天下网站首页，单击其右上角的"安全开户"按钮。在打开的页面中有两个交易所的开户方式，选择适合自己的方式，如单击"津贵所投资 网上开户"超链接。

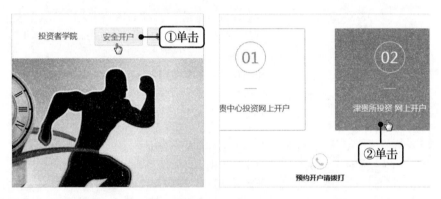

Step02 在打开的仲裁条款页面中单击"我已阅读并同意以上条款"按钮。进入到填写开户信息页面中，依次输入基本资料、银行信息及密码等信息，单击"下一步"按钮。

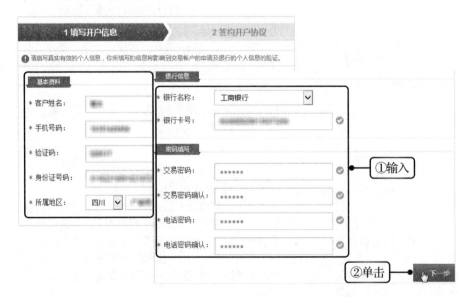

Step03 在打开的签约开户协议页面，依次对《风险揭示书》《客户协议书》《承诺保证书》及《客户调查表》进行阅读与设置，然后单击"下一步"按钮。

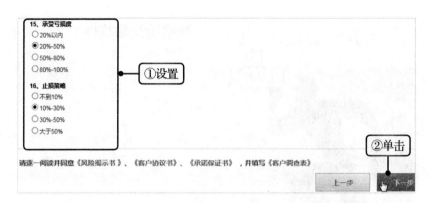

Step04 最后开户成功，获得实盘账号，并可以在打开的页面中查看到个人账户信息。此时，投资者即可使用该实盘账号进行交易。

2. 交易软件的使用

　　基本上正规的现货白银投资机构都拥有自己的交易软件，而银天下投资者平台的银天下贵金属投资软件，就是一款专业的白银投资软件。银天下贵金属投资软件的下载和安装比较简单，在第一次使用时，需要同意银天下规定的相关制度，其具体操作如下。

Step01 进入银天下网首页，单击其右上角的"软件下载"按钮。在打开的页面中有两个交易所的软件下载方式，选择适合自己的方式，如单击"津贵所交易软件"栏下的"立即下载"按钮。

Step02 软件下载完成后并对其进行安装，然后打开该软件。依次设置登录环境、登录账号、登录密码及验证码，然后单击"行情＋交易"按钮登录到软件系统中。

【提示注意】

投资者在使用银天下交易软件时，如果只是为了分析行情，则可以不用通过账号进行登录，直接通过游客登录，只需要在登录界面中单击"游客登录"超链接即可。

Step03 登录成功后，在打开的交易所制度提示页面中，阅读相关协议书，单击"已阅读许可"按钮，即可进入到银天下软件的主界面，此时可以看到产品栏、工具栏、交易栏及用户栏等。

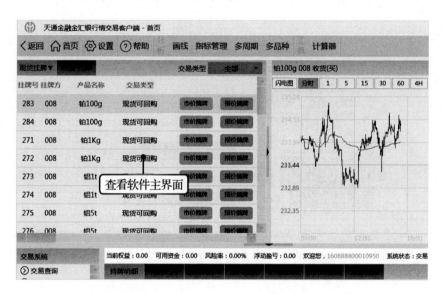

3. 行情软件的使用

随着现货白银投资市场的风生水起，现货白银分析软件也受到许多投资者的青睐。其中，比较出众的就是集金号。集金号虽然是一款黄金投资专用软件，但同样可以对现货白银进行分析。它能够实时显示白银市场的相关数据，是一款行情报价工具，适合新手投资者学习使用。

集金号的功能很全面，主要用于分析白银走势，如显示实时行情、查询历史记录、提供分析解盘、基本面分析、技术指标分析及画线工具等。投资者想要使用集金号对现货白银进行分析，首先需要到金投网中进行下载（http://www.cngold.org/），然后再进行安装。

对于投资者来说，如果只是利用投资软件分析行情走势，那么可以直接使用游客身份登录，并不需要单独注册登录账号。下面我们就通过实例来介绍在集金号主要界面中进行的常见操作。

Step01　启动集金号行情软件，在登录界面中直接单击"游客登录"按钮，登录到软件系统中。

Step02　在集金号主界面下方单击"贵金属现货"选项卡，有很多贵金属现货产品的类型，包括现货黄金、现货白银、现货铂金及现货钯金等，双击"现货白银"选项。

Step03　进入该现货白银的价格分时图页面（将在第7章详细讲解分时图），此时可以查看到现货白银在一天之内的价格变化。在其走势图上右击，在弹出的快捷菜单中选择"转到K线图"命令，可进入价格K线图界面。

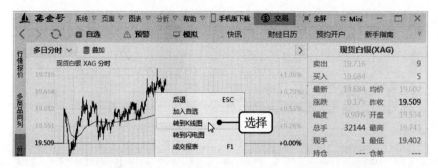

Step04 进入K线图页面，可看到现货交易的日K线图、移动平均线及各类技术指标，单击右上方的"←"或"→"键移动K线图可查看显示的区域。

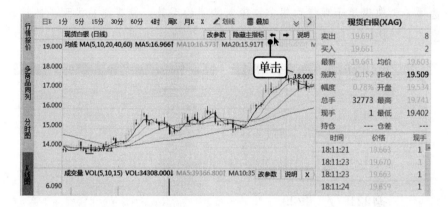

4．如何进行模拟交易

投资者在真正进行实盘交易前，需要进行一段时间的模拟交易。这不仅可以使投资者熟练掌握交易流程，还能判断出自己的风险承受能力。

许多行情分析软件都具有模拟交易的功能，如集金号。投资者只要注册了该行情分析软件的账户，则使用账户登录软件后，就可以进行模拟交易操作，其具体操作如下。

Step01 在集金号行情软件登录界面注册账户，然后使用该账户登录到操作界面中。在主界面下方单击"模拟交易"按钮，在打开的"模拟交易"栏中单击"建仓"按钮。

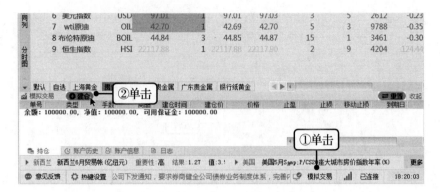

Step02 在打开的"订单"对话框中选择需要购买的商品，如选择"天通银"选项（天通银属于现货白银），输入购买的手数，设置交易类型，然后单击"买"按钮。购买成功后，单击"确定"按钮即可。

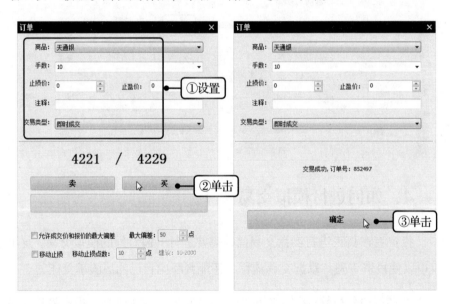

.02
. PART.

地缘政治局
势的影响　　全球金融因
素的影响　　经济因素
的影响　　供需关系与
非农的影响

影响现货白银价格的基本面因素

近几年，白银产品投资备受关注，越来越多的投资者开
始投资现货白银。对白银投资市场的分析、盈利情况以及价
格影响因素成为投资者目前非常关注的问题。投资者也都知
道，白银投资盈利主要是看白银的价格波动来进行判断。那么，
本章就来看看影响现货白银价格波动的基本面因素有哪些。

2.1 地缘政治局势对白银的影响

所谓的地缘政治局势，是根据各种地理要素和政治格局的地域形式，分析和预测世界或地区范围的战略形势和有关国家的政治行为。许多投资者都知道，地缘政治局势是国际市场中的一个重要因素，它的每次动荡常常都会促进白银价格的上涨，而突发性的事件往往会让银价在短期内大幅飙升。那么，地缘政治局势如何对白银价格产生影响呢？

1. 边界冲突和战争是银价短时上涨的催化剂

在当今世界格局中，边界冲突和战争是比较常见的现象。如果一个国家和其他国家发生边界冲突或战争，那么该国的货币就会出现相应的下跌，局势动荡是影响该国货币的重要因素。

为什么说边界冲突和战争会对白银价格造成影响呢？在投资市场上，我们经常看到"避险情绪"这个词。每次这个词一出现，贵金属行情就会伴随着一定的上涨。那究竟什么是避险情绪呢？避险情绪是指人们因为对未来经济局势的担忧，而产生的一种想要规避经济损失的情绪。而这种情绪，一般会引起一系列的经济行为。如发生通货膨胀时，货币贬值，人们为了避险，常常会趋向于买入保值性强的贵金属，从而提高了贵金属的价格。

在边界冲突和战争时期，白银的重要性被体现得淋漓尽致。由于白银具有公认的特性，为国际公认的交易媒介，在这种时刻，人们都会把目标投向于对黄金或白银的抢购，也必然会造成白银价格的上升。下面我们就通过一个例子来进行介绍。

2011年，利比亚国内发生了武装冲突，这次利比亚国家内部争端在一定程度上引发了白银价格和白银市场的波动。

如图2-1所示为现货白银2010年10月~2011年10月的K线图（在第4章会详细介绍K线图）。

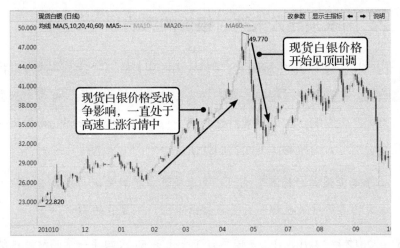

图2-1　现货白银2010年10月~2011年10月的K线图

从图2-1可以看出，在2010年10月~2011年4月下旬，现货白银价格受利比亚国内冲突，一直处于快速上涨行情中。

虽然在2011年1月，现货白银价格出现小幅度回调，但并没有影响其主体上涨的趋势。

在2011年4月底，现货白银价格开始出现见顶回调，这是因为利比亚战争属于人们预期内的战争。因此，在战争真正爆发前，现货白银价格已经跟随预期而走，战争溢价也已经在前期价格上涨中体现出来。所以在真正进入战争期时，则说明该战争对现货白银价格的促涨作用已经结束，开始进入回调期。

【提示注意】

不是任何战争都能引起银价上涨，它还可能受到其他因素的共同制约。例如，在 1989 ～ 1992 年间，世界上出现了许多的政治动荡和零星战乱，但现货白银价格却没有因此而上升，这主要是当时人人持有美元，而舍弃白银。所以投资者不可机械地套用战争因素来预测银价，还要考虑其他因素。

2. 国家领导人大选对银价的影响

国家进行领导人的选举，意味着权力的更替，不过这必将改变以往的经济政策。在选举的过程中，人们对选举结果的预期在很大程度上都会对白银市场产生影响。如果不被看好的人一旦当选，那么该国的银价将在一定程度上出现大的波动。下面我们就通过一个例子来进行介绍。

由于美国强大的经济影响力，全球投资市场对美国总统大选都格外关心，每次的选举结果也都会对全球白银市场产生显著的影响。

在 2012 年 11 月 6 日，美国举行了史上第 57 次四年一度的总统选举。从美国的历史可以发现，从 1971 年布雷顿森林体系崩溃及西方主要货币进入浮动汇率以来，美国一共进行了 10 次总统大选。其中，有 6 次美元在大选前都出现了大幅下跌。可见政治是影响美元和银价走势的一个重要因素，在大选前后投资者为了回避大选结果的不确定性，一般会抛售美元，从而造成美元短期内迅速贬值。

如图 2-2 所示为现货白银 2012 年 5 ～ 12 月的 K 线图。

从图 2-2 可以看出，因为在 2012 年 2 月，美联储伯南克明确表示短期不会推出 QE3（第 3 轮量化宽松政策）。同时，在市场避险情绪的推动下，美元指数在年中出现了一波较为强势的上涨行情。最终导致在 2012 年 8 月中旬至 10 月，现货白银价格快速上涨，并在达到阶段性高价后开始回调整理。

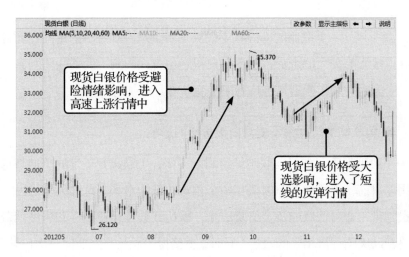

图 2-2　现货白银 2012 年 5 月～ 12 月的 K 线图

在 2012 年 11 月 6 日，因为美国选举结果确定，使现货白银价格出现了短暂的上涨，不过这并没有影响价格当时的弱势格局，在后市继续进入下跌走势。

【提示注意】

因为政治局势是突发因素，往往会在较短时间内引发市场巨大波动。但是一段时间以后，白银走势将会按照其长期均衡价格的方向变动。

2.2　全球金融因素对银价的影响

世界经济周期的波动趋势、本地市场的利率及国际货币市场上的利率变动等金融因素，都会直接影响白银价格的波动。目前，我国白银市场的价格也受到上述因素的制约，基本上与世界白银价格变动是同步的。

1．美联储利率决议对银价的影响

众所周知，美联储利率决议不仅决定着全球宏观经济的走向，而且由于其直接影响美元的走势，进而对白银产生重大影响。而美联储利息主要从 3 个方面发展，分别是维持利率不变、降息和加息。

■ 美联储维持利率不变对白银价格的影响

一般情况下，如果美联储维持利率不变，可以起到一定的"准降息"作用。目前，美联储利率保持在一个相对较低的水平。这样可以为民众与成员国带来非常低廉的资金借贷成本，以达到鼓励企业投资和居民消费，最终帮助美国经济增长的目的。同时，也使得美元汇率降低促进出口发展，从而加快美国经济复苏。

当美联储降息周期结束后，会出现一长段时间维持利率不变，这主要是作为观察期，因为此时经济仍显疲弱，需要逐步恢复到衰退前水准之后再决定政策走向。随着美元货币供给量的增加，将导致美元指数不断降低，而以美元计价的白银价格则会不断上涨。

美联储维持利率不变，基本上起到了助推白银价格上涨的作用。但也存在例外的情况，具体介绍如下。

◆ 如果美联储维持利率不变，则会对白银价格的上涨起到推动作用，有时不会立即显示出来，而是在后市产生较大影响。

◆ 如果美联储维持利率不变，则不能说其是主导白银价格涨跌的唯一因素，有时候需要配合当时其他因素来综合分析。

■ 美联储降息对白银价格的影响

降息就是指银行利用对利率的调整，从而改变现金流动性。降息会减少银行存款收益，使资金从银行流出，并最终转化为消费或投资。

资金流动性增加推动企业贷款扩大再生产，鼓励消费者贷款购买大型商品，如房产、汽车等。这在一定程度上鼓励金融投资者借钱投资促进投资市场的繁荣，从而导致该国货币贬值，促进出口，并减少进口，最终可能推动通货膨胀，使经济逐渐过热。通常美联储降息会促使美元汇率走低，促进以美元计价的白银价格上涨。

【提示注意】

美国联邦储备系统（The Federal Reserve System），简称美联储，负责履行美国中央银行的职责。这个系统是根据《联邦储备法》于1913年12月23日成立，其核心管理机构是美国联邦储备委员会。作为美国的中央银行，美联储从美国国会获得权力，行使制定货币政策和对美国金融机构进行监管等职责。

■ 美联储加息对白银价格的影响

加息是一个国家中央银行提高利息的行为，从而使得商业银行和其他金融机构对中央银行的借贷成本提高，最终导致市场的利息也增加。加息的目的主要是为了减少货币供应、促进民间存款、遏制通货膨胀以及减缓或抑制市场投机等。

一般情况下，当一个国家的经济过热，通货膨胀越来越严重时，则可能会通过加息来进行调整。美联储加息可以促进美元升值，对投资市场会产生一定打压作用。白银作为一种零利率的商品存在于投资市场中，其直接与美元挂钩，美元的利率上调必然使得美元在国际市场中得到买盘的支持，更多的人因为能得到利息而买入美元，那么就意味着白银可能随着美元利率的上调而遭到抛售，最后导致价格下降。

下面我们就通过一个美联储加息的例子来说明美联储利率决议对现货白银的影响。

2015 年 12 月 16 日，美国联邦储备委员会宣布将联邦基金利率上调

25 个基点，到 0.25% ～ 0.5% 的水平，这是美联储自 2006 年 6 月以来首次加息。美联储在 2015 年最后一次货币政策例会后发表声明说，今年以来美国就业市场明显改善，有理由相信通货膨胀将向 2% 的中期目标迈进。考虑到经济前景以及现有政策需要一段时间来影响未来经济状况，美联储决定现在启动加息。

　　由于加息消息提前预测出，因此对于现货白银的作用也会提前一段时间。如图 2-3 所示为现货白银 2015 年 10 月～ 2016 年 2 月的 K 线图。

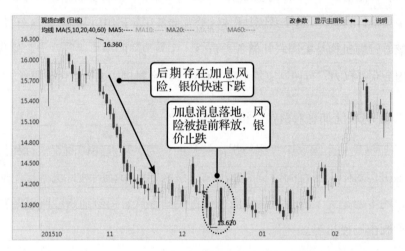

图 2-3　现货白银 2015 年 10 月～ 2016 年 2 月的 K 线图

　　从图 2-3 可以看出，在 2015 年 10 月，现货白银价格一直处于高位震荡。在 2015 年 10 月 28 日，美联储宣布不加息，当天的现货白银价格达到了阶段性高价 16.360 元。由于该次会议为本年度的倒数第二次美联储议息会议，根据美国当前的经济走势，在本年度最后一次美联储议息会议时（12 月 15 日～ 12 月 16 日），将会有很大概率宣布加息。

　　正因为如此，市场中出现了加息恐慌，现货白银市场出现了大量抛单现象。在 2015 年 11 月初期至 12 月中旬，银价都处于快速下跌走势中。直到 12 月 16 日，美联储宣布了加息政策，银价才得以止跌，因为投资者提前预知到会加息，进而加息风险被提前消化。

2．英国脱欧对银价的影响

在 2016 年 6 月 23 日，英国脱欧公投正式投票。在 6 月 24 日清晨 6 点，投票终止，英国成功脱欧。同时，英国脱欧问题也成为当前全球金融市场的"风暴眼"。

英国脱欧公投尘埃落定，避险情绪集中发酵，市场因脱欧而骚动起来。结果已经确定，英国脱欧后短期来看引发的风险巨大，但长期来看，因为这将直接影响到整个欧盟共同体的经济以及政治进程，所以避险作用持续符合市场发展需求。

由于英镑受到英国脱欧后经济的不确定性影响而出现大幅下跌，此时美元价格上涨，而以美元标价的白银则下跌。然而，英国脱欧伴随着市场避险情绪的抬升，最终刺激白银价格上涨。下面我们就通过具体的例子来进行说明。

如图 2-4 所示为现货白银 2016 年 4 ~ 7 月的 K 线图。

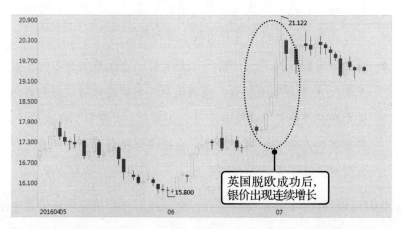

图 2-4　现货白银 2016 年 4 ~ 7 月的 K 线图

从图 2-4 可以看出，在 2016 年 4 ~ 6 月中旬，现货白银价格一直处于震荡走势中。

在 6 月 24 日，英国成功脱欧。由于是突发性事件，无法提前预知，所以在该消息公布后，刺激银价上涨。因此，从 6 月底 ~ 7 月初期，银价快速上涨，并达到了阶段性高价 21.122 元。

3. QE 对银价的影响

众所周知，货币政策是影响金融市场走势的一个重要因素，而作为量化宽松政策的 QE 就会受到投资市场的重点关注。那么，QE 怎样影响白银价格呢？其主要通过以下 3 方面来影响。

◆ **美元间接影响**：白银是以美元计价的贵金属投资产品，QE 政策的施行可以刺激经济发展。QE 的推出，可以提高美元市场流动性，同时伴随美元贬值。那么，由美元标价的白银就会因为美元的贬值而出现价格上涨。

◆ **商品属性影响**：QE 的推出，不仅会造成美元的贬值，还会引起物价上涨，白银在现实中还具有商品的属性。因此，在物价上涨的同时，白银的价格同样会出现上涨趋势。

◆ **避险需求影响**：美元、欧元和贵金属，是世界上有名的三大避险工具。QE 造成美元贬值，也就是说美元的避险功能得到弱化，与美元相关的投资产品就会下跌，如美股、美指等。在这种情况下，贵金属的避险功能就会强化，白银作为贵金属投资产品之一，会吸引更多投资者进入白银市场，从而促使白银价格上涨。

此时可以看出，QE 政策的施行，会通过多方面引起白银价格上涨。反之，QE 政策的退出，同样会引起白银价格的下降。由于美联储的一举一动，时刻牵动着银价的波动，截至目前为止，美国共实行了 3 次 QE，其具体情况如表 2-1 所示。

表 2-1 美国实行的 3 次 QE 详情

QE 名称	详情
第一轮 QE	时间为 2008 年 11 月 ~ 2010 年 3 月，操作金额共计 1.725 万亿美元。2008 年金融危机，雷曼兄弟于 2008 年 9 月倒闭，美联储推出 QE1。2008 年 11 月 25 日，美联储首次公布将购买债券，标志着首轮 QE1 的开始。美联储宣布完成抵押贷款支持证券和机构债的购买，并于 2010 年 3 月结束第一轮 QE
第二轮 QE	时间为 2010 年 11 月 ~ 2011 年 6 月，操作金额共计 0.6 万亿美元。2010 年 4 月美国的经济数据开始令人失望，美联储一直受压于需要推出另一次的 QE。2010 年 11 月，在经济状况不佳的窘境下，美联储启动了第二轮 QE，宣布到 2011 年年中之前购买总额 6000 亿美元的美国长期国债
第三轮 QE	时间为 2012 年 9 月 ~ 2014 年 10 月，操作金额共计 1.6 万亿美元。2012 年 9 月，美联储宣布推出第三轮 QE。2014 年 10 月，美联储宣布结束购债，标志着第三轮 QE 结束

下面我们就通过一个例子来对第二轮 QE 进行介绍，看看它是如何对白银价格产生影响的。

如图 2-5 所示为现货白银 2010 年 11 月 ~ 2012 年 10 月的 K 线图。从图 2-5 可以看出，在 2010 年 11 月，由于美联储推出了第二轮 QE，以至于现货白银价格在其后的几个月都处于高速上涨行情中，虽然其中出现过小幅度的回调整理，但并没影响整个上涨的趋势。

在 2011 年 5 月初，银价达到阶段性顶部，此时开始大幅度回调。而在 2011 年 6 月，美联储又宣布第二轮 QE 正式结束。虽然此时的银价处于小幅度的反弹走势中，但是这并没有改变其整个下跌走势，反弹结束后，继续进入快速下跌趋势中。

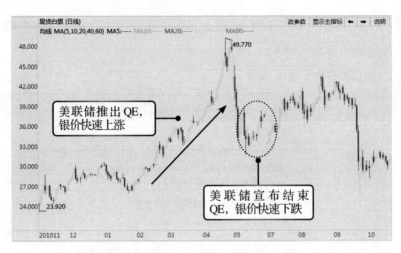

图 2-5　现货白银 2010 年 11 月～ 2012 年 10 月的 K 线图

【提示注意】

QE，也称为量化宽松，主要是指中央银行在实行零利率或近似零利率政策后，通过购买国债等中长期债券，增加基础货币供给，向市场注入大量流动性资金的干预方式，以鼓励开支和借贷，也被简化地形容为间接增印钞票。

2.3　经济因素对银价的影响

　　白银具有货币、投资和商品三重属性，这也决定了银价的驱动因素是多样化的。银价除了受地缘政治局势和全球金融因素的影响之外，还受到各种经济因素的影响。

1．美国 GDP 对银价的影响

美国作为世界上影响力最大的国家之一，其各项经济指标对白银价格都有着举足轻重的影响。GDP 是一个国家所有常驻单位在一定时期内生产的所有最终产品和劳务的市场价值，是该国国民经济核算的核心指标，也是衡量一个国家或地区总体经济状况的重要指标。

这也就说明，在白银价格分析中，美国 GDP 是一个非常重要的指标。那么，美国 GDP 对白银价格有哪些影响呢？具体介绍如下。

美国 GDP 是由美国经济分析局按季度与年度负责发布，其中包括美国各经济部门详细的经济数据及经济周期内的各种经济发展情况。美国 GDP 占世界 GDP 总量的 20% 以上，对外贸易总额排名全球首位。因此，美国经济状况对全球经济的影响重大，这也是为什么美国 GDP 数据总会对白银价格产生影响的原因。

一般情况下，美国 GDP 对于白银价格的影响主要表现在两方面，分别是汇率与消费，具体介绍如下。

◆ **从汇率的角度来看**：美国 GDP 越高，说明美国经济发展良好，汇率趋强，意味着美元走强，进而利空白银；反之，美国 GDP 偏低，则利多白银。

◆ **从消费的角度来看**：GDP 增长了美元的升值空间，从而打压银价走势，最终造成白银的贬值；反之，美国 GDP 降低，则造成白银的增值。

那么，现在我们就通过一个实例，来分析美国 GDP 对银价所造成的影响。

如图 2-6 所示为美国 GDP 在 2005 ~ 2015 年的数据走势。从图 2-6 可以看出，由于 2008 年全球经济都受到金融危机的影响，也致使美国 GDP 数据在 2008 ~ 2009 年出现了负增长现象。不过，美国 GDP 数据在其他时间都处于高速增长中。

在 2012 年，美国 GDP 增长得尤为快速，相比上一年增长了 4.16%。下面我们就对 2012 年的现货白银走势进行分析。

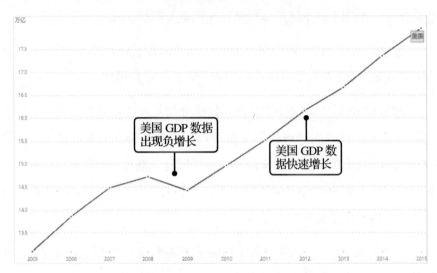

图 2-6　美国 GDP 在 2005～2015 年的数据走势

如图 2-7 所示为现货白银 2011～2013 年的 K 线图。

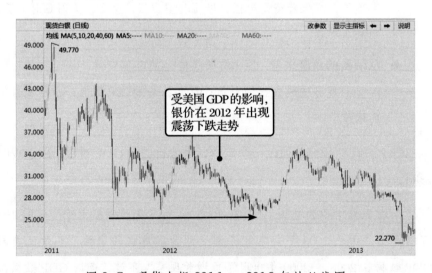

图 2-7　现货白银 2011～2013 年的 K 线图

从图 2-7 可以看出，在 2011 年，银价达到了阶段性顶部，此后就开始下跌回调。

在 2012 年，银价由于受到美国 GDP 数据高速增长的部分影响（影响银价的因素有很多，美国 GDP 只是其中一种），出现了震荡下跌的走势。

2．通货膨胀对银价的影响

通货膨胀，是指因纸币发行量超过商品流通中的实际需要量而引起的货币贬值现象。纸币流通规律表明，纸币发行量不能超过它象征和代表的金银货币量，一旦超过这个量，纸币就会贬值，物价就会出现通货膨胀。

其实一般的投资者都知道，白银本身就具有抵御通货膨胀的功能，主要是因为它本身具有非常高的价值。这主要体现出在通货膨胀时白银具有很高的投资价值，纸币会因通货膨胀而贬值，但白银却不会。因此，在出现通货膨胀时，白银就会因其具有对抗通货膨胀的特性而格外受投资者追捧，其价格也会明显走高。

当然，通货膨胀对白银价格的影响，还要看通货膨胀持续时间的长短，以及通货膨胀的未来走势进行判断。不过作为长期投资工具，白银确实是一种较为稳妥的投资产品。下面我们就通过一个例子来说明。

为了应付 2008 年全球金融危机所带来的经济衰退情况，各个国家的中央银行都在不断扩大资产负债率，推行货币宽松的经济政策，向市场中注入流动性资产。不过这也导致了通货膨胀的蔓延，纸币的购买力不断下降。面对通货膨胀，大量投资者开始不断买进白银以对资产进行保值，从而促使白银价格快速上涨。

如图 2-8 所示为现货白银 2008 ～ 2011 年的 K 线图。

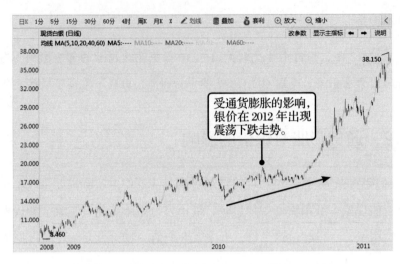

图 2-8　现货白银 2008 ~ 2011 年的 K 线图

　　从图 2-8 可以看出，在 2008 ~ 2011 年，白银市场经历了通货膨胀后，银价开始迅速走高，并进入到上涨行情中，虽然中间出现了一定幅度的回调整理，但并没有影响银价整体的上涨趋势。

3．美国核心 PCE 物价指数对银价的影响

　　美国核心 PCE 物价指数，是美国最重要的通货膨胀指标，是美联储制定货币政策的主要依据之一。不像消费者物价指数（CPI）基于一篮子固定商品，个人消费支出平减指数（PCE）用于发现所有国内个人消费品价格的平均增长，能够反映由于价格变动使消费者购买替代产品的价格。PCE 平减指数被认为能更全面、稳定地衡量美国通货膨胀，由此受到美联储的关注。

　　PCE 是个人消费支出平减指数（CTPIPCE）的缩写，它由美国商务部经济分析局最先推出，并于 2002 年被美联储的决策机构联邦公开市场委员会采纳为衡量通货膨胀的一个主要指标。那么，美国核心 PCE 物价

指数对白银价格有什么影响呢？下面就来详细进行介绍。

一般情况下，如果核心 PCE 物价指数与之前比较，出现上升时，表示美国个人消费支出增加，有利于带动美国经济增长，对通货膨胀水平起到提振作用。如果能够达到美联储通货膨胀的目标，美联储会倾向于紧缩货币政策，通常会利好美元，而利空白银。反之，如果核心 PCE 物价指数与之前比较，出现下滑，则会利空美元，而利好白银。

当然，如果出现核心 PCE 物价指数保持不变的情况，则表示美国国内个人消费情况变化不明显，对白银价格基本上没有影响。但如果通货膨胀目标长期维持在 2% 以下，为了提高通货膨胀水平，美联储可能会在一段时间内实施相对宽松的货币政策。这时虽然数据没有变化，但是美联储的货币政策会轻微打压美元，从而利好白银。反之，如果通货膨胀目标长期维持在 2% 以上，美联储为了控制通货膨胀而实施持续加息的政策，此时就利好美元，而利空白银。下面就通过一个例子来说明美国核心 PCE 物价指数对银价的影响。

2016 年以来，美联储高度关注的通货膨胀指标，也就是核心 PCE 物价指数，因为其连续 3 个月保持在较高水平。3 月核心 PCE 物价指数同比上涨 1.6%，达到预期。1 月和 2 月核心 PCE 物价指数均保持在 1.7% 的同比涨幅，连续两个月创 2014 年 10 月以来最高通货膨胀水平。

根据美国商务部 2016 年 4 月 28 日发布的数据显示，美国一季度核心 PCE 物价指数年化季环比初值已经达到 2.1%，大幅超过 1.9% 的预期。此时可以看出，美国的消费增速正在放缓，比去年平均水平要低。

正因为如此，美联储在 4 月的会议上宣布维持利率不变时指出，通货膨胀持续低于 2% 的目标水平为重要原因。为了提高通货膨胀水平，美联储才做出了实施相对宽松的货币政策。

如图 2-9 所示为现货白银 2016 年 1 ～ 7 月的 K 线图。

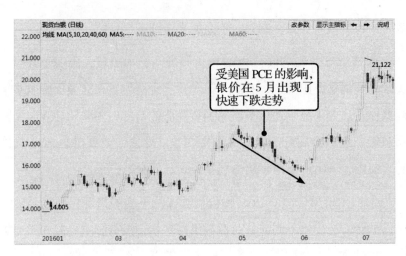

图 2-9　现货白银 2016 年 1 ～ 7 月的 K 线图

从图 2-9 可以看出，在 2016 年 1 ～ 4 月，银价一直处于震荡走势行情中。但从 4 月初开始，银价开始高速上涨。

在 4 月 28 日美国商务部发布了相关的 PCE 数据后，银价在 5 月初就开始回调下跌，到 6 月初期才止跌。

2.4 供需关系与非农数据对银价的影响

　　供需决定价格，白银的供需是影响白银价格的重要因素之一。供应因素主要包括矿产、生产工艺及生产成本等，这些因素往往很难有较大的改变。但是，需求因素则和经济波动密切相关，可以通过经济变化对其进行观察。而非农数据可以很直接地反映出经济的变化，它不仅是美国就业状况的数据统计，反映美国就业市场的现实情况，同时也是全球关注的热点，因为它可以直接影响白银价格。

1. 哪些需求会对银价产生影响

白银投资者密切关注银价的涨跌，而银价受哪些因素的影响也是投资者关注的重点。需求是影响银价的重要因素之一，下面就来简单介绍哪些需求因素会影响到银价的走势。

■ 白银实际需求量的变化

白银实际需求量的变化，主要是指工业、首饰业等方面的需求。一般情况下，世界经济的发展速度决定了白银的总需求。例如，在微电子行业，越来越多的零件采用白银作为保护层；在医学及建筑装饰等行业中，尽管科技的进步使白银替代品不断出现，但白银以其特殊的金属性质使其需求量仍呈上升趋势。

同时，一些国家及地区因为局部因素而对白银的需求出现了重大的变化。例如，向来对白银饰品有大量需求的印度和东南亚等国家，因为受到金融危机的影响，从 1997 年开始就对白银进口大大减少，根据世界白银协会数据显示，泰国、印度尼西亚及马来西亚的白银需求量分别下跌了71%、28% 和 10%。

■ 保值的需要

白银储备一直被各国中央银行用于防范国内通货膨胀与调节市场的重要手段。而对于普通投资者来说，投资白银主要是为了在通货膨胀的情况下，达到增值、保值的目的。

2015 年美国地质调查局公布了各国白银储备排名的最新数据，全球银矿产资源储量约为 53 万吨，主要分布在秘鲁、波兰、智利、澳大利亚等国家。中国的银矿产资源储量位居全球第 5 位，储量约为 4 万吨，占全球储量的 8.11%，如表 2–2 所示。

表 2-2   2015 年世界各国白银储备排名

国家	储量（万吨）	占比（%）
秘鲁	9.89	18.66
澳大利亚	8.5	16.04
波兰	8.5	16.04
智利	7.7	14.53
中国	4.3	8.11
墨西哥	3.7	6.98
美国	2.5	4.72
玻利维亚	2.2	4.15
其他国家	5.71	10.77
全球合计	53	100.00

在经济不景气的形势下，由于货币资产的贬值，导致对白银的需求上升，银价上涨。例如，在 2008 年金融危机后，各国开始陆续出现通货膨胀现象，且越发严重，市场对货币市值的信心动摇，投资者大量抢购白银，直接导致银价高速增长。

■ 投机的需求

投机者根据国际与国内的形势，利用白银市场上的银价波动，大量做多或做空现货白银，人为地制造白银需求假象。在现货白银市场上，几乎每次大的下跌或上涨都与对冲基金公司有关。例如，在 1999 年 7 月，现货白银价格跌至 20 年的最低点，美国商品期货交易委员会（CFTC）公布的数据显示，COMEX 投机性空头做空的数量接近 900 万盎司。

同时，当银价走势触发大量的止损卖盘后，银价就会快速下跌，基金公司乘机回补获利。当银价略有反弹时，来自生产商的套期保值远期卖盘压制银价进一步上升，同时给基金公司新的机会重新建立沽空头寸，就会形成银价一浪低于一浪的下跌格局。下面我们就通过一个例子，来看看需求对银价产生的具体影响。

在 2009 年，金融危机后的经济低迷，使得当年的工业需求大幅回落至 1.04 万吨，而近几年来也仅高于 2002 年时的工业需求。因此，经济波动，尤其是电子工业的变化情况，对白银需求产生很大影响。

如图 2-10 所示为现货白银 2008 ～ 2011 年的 K 线图。

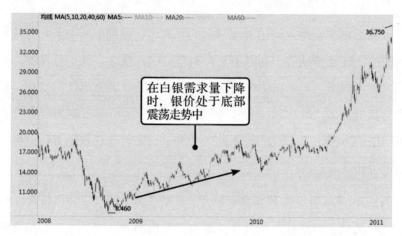

图 2-10 现货白银 2008 ～ 2011 年的 K 线图

从图 2-10 可以看出，在 2008 年，由于受到全球金融危机的影响，银价处于下跌走势中。

在 2009 年，因为白银在世界上的需求量降低，此时银价已经接近底部。由于没有刺激银价上涨的基本面因素，因此银价在该年一直处于底部震荡走势中。

2. 如何利用非农数据对银价进行预判

对于大部分投资者来说，每个月的第一个周五晚上都是紧张之夜。因为每到这一天，美国就会公布非农数据，而这些数据也总能挑动市场的敏感神经，从而引发一系列行情。

非农数据，是指非农业就业人数、就业率与失业率这 3 个数值。顾名思义，就是反映美国非农业人口的就业状况的数据指标。这 3 个数据都是在每个月第一个周五北京时间（冬令时：11 月至次年 3 月）21:30，（夏令时：4 ~ 10 月）20:30 发布，数据来源于美国劳工部劳动统计局。非农数据可以极大地影响货币市场的美元价值，一份生机勃勃的就业形势报告能够驱动利率上升，使得美元对国外的投资者更有吸引力。

非农数据客观地反映了美国经济的兴衰，在近期汇率中美元对该数据极为敏感，高于预期值，利好美元，利空白银；反之，低于预期值，利空美元，利好白银。对于白银和美元的关系，投资者要有清晰的认识，虽然白银与美元有着 80% 的负相关，但是白银和美元在非农数据公布后也有同涨同跌的可能。下面我们就通过一个例子，来对非农数据进行分析，以银价进行预判。

在 2016 年 6 月公布的非农数据中，预期值为 16.4 万，公布值为 3.8 万，公布值明显低于预期值。此时可以看出，美国的企业减低生产，经济步入萧条状态，利空美元，而利多白银。

如图 2-11 所示为现货白银 2016 年 4 ~ 7 月的 K 线图。

图 2-11　现货白银 2016 年 4 ~ 7 月的 K 线图

从图 2-11 可以看出，在 2016 年 4 ~ 5 月，银价一直处于震荡走势中。在 6 月，由于受到非农数据的影响，银价开始快速上涨，不仅突破了前期的震荡高点，还达到了阶段性高位。

【提示注意】

非农数据只是一个突发事件，从历史走势中可以看出，它只会对银价产生短暂影响，不会决定银价的大趋势。中长期投资者应该谨慎对待非农数据，不可仅根据非农数据做单。而对于超短线的投机者来说，可以根据非农数据做单。

3．非农数据来临时的操作技巧与注意事项

我们常常说，在投资中收益与风险并存。所以任何一种投资方式，都是建立在风险的基础上的，没有百分之百的盈利。而每个月的非农数据对投资者来说，则意味着更好的机遇。那么，非农数据来临时投资者可以使用哪些操作技巧呢？

◆ **双边做单投资**：在非农数据中，一些投资者习惯在同一价位，开相同仓位的多单与空单，这叫背靠背。然后单独设置相应的止损位，博单边，如果出现单边上涨或下跌，另外一边就会被迫止损，而顺势一边则会大幅获利。

◆ **现价偏离挂单投资**：此方式虽然与双边做单很相似，但存在一个很明显的差别，那就是突破进场。如在非农数据发布前，以银价在 20 元为例，上涨 3 元挂突破多单，下跌 3 元挂突破空单，如果行情一旦走单边，那么就会在形成突破后直接进场，而另外一边因为没有触及而未进场，直接获利。

◆ **借力分析投资**：通常是指依据前面公布的 ADP 数据操作非农数据，因为 ADP 数据作为"小非农"数据，是非农数据的前沿性指标。

从走势来看，每当 ADP 数据出现利空回落时，则表明非农数据中有 80% 的情况下也会利空回落。这就是借助 ADP 数据的涨跌，来判断非农数据的涨跌。

在实际操作中，很多投资者总是抓不住非农数据发布所带来的机遇。这主要是因为在非农数据来临时，自己没有注意到这个消息。那么，非农数据来临前后需要注意哪些事项呢？

◆ 对于刚接触到现货白银的投资者来说，尽量不要冒险冲动，观望是最明智的选择。等非农数据公布之后的大趋势明朗时，再介入市场做多或做空，这样可以将风险降到最低。

◆ 非农数据公布之后，行情波动剧烈，出现反复跳涨的情况也是正常的，涨跌甚至是一步到位的。短线投资者此时需要特别小心，首先结合数据看行情幅度是否到位，若没到位则可继续顺势操作，若到位则可理性判断停止追涨。

◆ 投资者需要根据非农数据分析当前银价走势，是多头强势还是空头强势，以及多头与空头延续时间周期的长短。

◆ 在非农数据公布之前，查看与分析消息面及市场情绪，也就是市场预期和前值数据。

◆ 如果投资者想要保险操作，可以放弃非农数据公布当夜的冲击，直接选择观望或等非农数据的影响消退后再进场，这对于小资金、重仓及锁仓的投资者来说，未尝不是一个很好的选择。

.03
. PART.

K 线图
入门

K 线组合
做多分析

K 线组合
做空分析

利用 K 线图分析现货白银价格走势

　　有投资经验的投资者都知道，不管进行哪种类型的投资，
在做技术分析时都需要用到一个工具，那就是 K 线图。K 线
图对于现货白银投资者来说，是分析银价未来走势的一个非
常重要的工具，本章就来详细介绍 K 线图的使用方法。

3.1 K 线图入门

> K 线图,又称蜡烛图、日本线及阴阳线等,通常称为"K线"。它是以每个分析周期的开盘价、最高价、最低价和收盘价绘制而成。在现货白银行情分析中,K 线图扮演的角色尤为重要,下面就来一起认识它。

1. K 线图怎么看

K 线是根据价格或指数在一定周期内的走势中形成的 4 个数据（分别是开盘价、收盘价、最高价和最低价）绘制而成的一条柱状线条,它由影线和实体组成。K 线的结构可分为上影线、下影线及中间实体 3 部分,如图 3-1 所示。

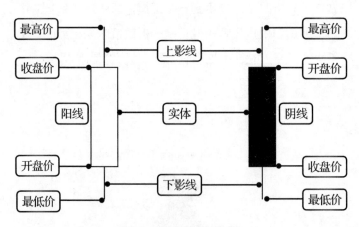

图 3-1　K 线的结构

在 K 线的结构中,中间的矩形称为实体,影线在实体上方的细线称为上影线，下方的细线称为下影线。

同时，实体分阳线和阴线。当收盘价高于开盘价时，二者之间形成的实体则称为阳线；当开盘价低于收盘价时，二者之间形成的实体称为阴线。根据 K 线的计算周期，可以将 K 线分为日 K 线、周 K 线、月 K 线和年 K 线。其中，周 K 线与月 K 线常用于研判中期行情。而对于短线投资者来说，在行情分析软件中的 5 分钟、15 分钟、30 分钟和 60 分钟 K 线都具有重要的参考价值。

从 K 线的结构中可以看出，K 线的每个部分都代表了不同的意义。那么，针对单根 K 线应该如何看呢？具体介绍如下。

■ 看实体阴阳

实体的阴阳代表着银价的趋势方向，阳线表示将继续上涨，阴线表示将继续下跌。

以阳线为例，在经过一段时间的多方与空方的拼搏后，银价的收盘价高于开盘价，则表明多头占据上风。一般情况下，在没有外力作用下银价仍将按原来的方向与速度运行。因此，如果出现阳线，则预示着下一阶段银价仍将继续上涨，最起码能保证下一阶段初期惯性上冲。这也就可以看出，如果当天出现阳线，则往往预示着继续上涨；如果当天出现阴线，则预示着继续下跌。

■ 看实体大小

K 线实体的大小，代表着当天盘内的动力。实体越大，上涨或下跌的趋势越明显；反之，实体越小，上涨或下跌趋势则不明显。

以阳线为例，在 K 线中，阳线实体越大，则表明其内在上涨动力也越大，其上涨的动力将大于实体小的阳线。同样，阴线实体越大，则表明下跌动力也就越足。

■ 看影线长短

在 K 线中，影线主要表示转折信号，向一个方向的影线越长，则越不利于银价向这个方向运动。即上影线越长，越不利于银价上涨，下影线越长，越不利于银价下跌。

以上影线为例，在经过一段时间的多空拼搏之后，多头最终败下阵来。不论 K 线是阳线还是阴线，上影线部分已构成了下一阶段的上涨阻力，银价向下调整的概率较大。同样，下影线部分预示着银价向上攻击的概率也较大。

2. 单根 K 线形态的意义

如果将 K 线按形态来分，可以分为阳线、阴线和同价线。其中，阳线按实体的大小，可以分为大阳线、中阳线和小阳线；阴线按实体的大小，可以分为大阴线、中阴线和小阴线；同价线按上、下影线的长短与有无，可以分为长十字星、十字星、T 字线、倒 T 字线和一字线。

不同类型的 K 线，会有不同的作用，下面我们就来认识一些常见的单根 K 线形态，如表 3-1 所示。

表 3-1　单根 K 线形态的意义

名称	形态	意义
小阳星		当日银价波动很小，开盘价与收盘价极其接近，收盘价略高于开盘价。该形态表明当前行情正处于混乱不明的阶段，后市的涨跌无法预测，此时需要根据前期 K 线组合的形状以及当时所处的价位进行综合判断
小阴星		小阴星当日的走势与小阳星非常相似，只是收盘价略低于开盘价。表明行情疲软，发展前景不明

续表

名称	形态	意义
小阳线		小阳线的波动范围比小阳星要大，多头稍占上风，但上攻乏力，表明行情发展扑朔迷离
上吊阳线		如果在低价位区域出现上吊阳线，银价表现出探底过程中成交量萎缩，随着银价的逐步升高，成交量呈均匀放大势态，并最终以阳线报收，预示后市银价看涨；如果在高价位区域出现上吊阳线，则有可能是主力在诱多，投资者需要留心
下影阳线		该形态的出现，表明多空交战中多方的攻击沉稳有力，银价先跌后涨，行情有进一步上涨的潜力
上影阳线		该形态的出现，显示出多方攻击时上方抛压沉重。这种形态常见于主力的试盘动作，表明此时浮动筹码较多，涨势不强
穿头破脚阳线		银价走出该形态，表明多方已占据优势，并出现逐波上攻行情，银价在成交量的配合下稳步升高，预示后市看涨
光头阳线		光头阳线如果出现在低价位区域，在当日的走势中表现为银价探底后逐步走高且成交量同放大，则预示着新一轮上升行情将开始。如果出现在上升行情途中，则表明后市继续看好
光脚阳线		该形体表明上升势头很强，但在高价位处多空双方有分歧，购买时应谨慎
光头光脚阳线		该形态表明多方已经牢固控制盘面，逐浪上攻，步步逼空，涨势迅猛
小阴线		该形态与小阳线恰好相反，表明空方呈打压态势，但力度不大
光脚阴线		光脚阴线的出现表明银价虽有反弹，但上档抛压沉重。空方趁势打压，使银价以阴线报收

续表

名称	形态	意义
光头光脚阴线		一般出现在跌势初期，可能是突发性利空影响所致。该形态表明当日开盘价即为最高价，随后银价步步走低，预示着后市大跌的可能性越大
带上影线阴线		一般出现在持续上涨或下跌趋势中，表明银价上升阻力大，卖方压力很重。该形态若出现在上升趋势中，则表明银价可能由升转跌；若在下跌趋势中，则表明银价反弹无力，后市将继续下跌
T 形线		该形态表明银价开盘后一路下跌，随后掉头向上，当日开盘价等于收盘价，这是一种转跌为升的 K 线形态，后市可能有一段持续上升的行情
倒 T 形线		该形态表明银价开盘后一路上涨，但遇到空方抛压，随后掉头下跌，当日开盘价等于收盘价，这是一种由升转跌的 K 线形态，后市转为大跌趋势
十字星		这种形态常称为变盘十字星，无论出现在高价位区或低价位区，都可视为顶部或底部信号，预示大势即将改变原来的走向
下影十字星		该形态是下影线比上影线长的十字线，这类形态多出现在下跌走势中，出现在较低位置时，预示银价见底，后市多方将扭转局势，银价回升
上影十字星		该形态是上影线比下影线长的十字线，显示了空方力量战胜了多放力量，这类形态多出现在升势的尽头，后市下跌的可能性较大

3．K 线图技术分析是否有效

对于现货白银投资者来说，掌握 K 线技术分析的基础知识非常有必要，特别是短线投资者，K 线图分析更是其研究白银市场的重要利器。投资者在初学 K 线图时，需要注意具体问题具体分析，相同的 K 线在不同时间或不同位置，所传递出的信息或代表的具体意义完全不同。

因此，在学习K线图分析技术时首先需要明确，K线不是一门学科，而是一种投资实战经验，它的本质是市场投资者心理因素的集体反应。投资者可以掌握它的形，但不用把握它的度，如果投资者一心想要把握住它，那么现货白银投资最终就会以失败告终。

在现货白银投资市场中，行情走势的分析技术有很多，但并没有十全十美的技术，K线图分析技术也一样，任何分析技术都存在缺点。同时，每个投资者的性格迥异，所受到的教育程度及接触生活也不同，所以造成不同投资者的自身知识体系与对事物的认知都不同。

因此，并没有一种分析技术能够在任何时间都适合所有的投资者。所以投资者在利用K线图技术分析行情走势时，需要做出多个投资方案，根据自己对现货白银市场的认知与了解，总结出一套适合自己的K线图技术分析方法，只有这样才能在残酷的市场竞争中获利。

【提示注意】

如果投资者要进行短线投资，那么最好利用单日K线把握市场强弱，以预测后一个交易日或几个交易日的银价走势。只有这样，投资者才能准确地找到买卖现货白银的时间点。

3.2 现货白银K线组合做多分析

在K线图中，会出现多种不同的K线组合形态。当出现某种K线组合形态时，银价在后市会出现上涨现象，这种能预测后市银价上涨的K线组合，可以称为K线上涨组合，投资者可以利用这些K线上涨组合做多现货白银分析。

1．早晨之星应用分析

早晨之星，又称为希望之星，是由3根K线组成的K线组合形态，它是一种行情见底转势的形态。这种形态如果出现在下降趋势中应引起注意，因为此时趋势已发出比较明确的反转信号，是一个非常好的买入时机。

在银价的下跌过程中，某日价格出现一根长长的阴线，第2根K线为向下跳空小K线或十字星，第3根K线是一根阳线，且收盘价明显向上穿入第1根阴线实体内部，则形成早晨之星，其基本形态如图3-2所示。

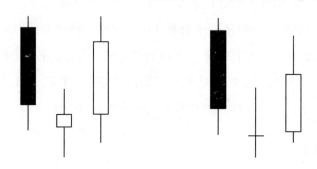

图3-2 早晨之星组合形态

从早晨之星组合形态可以看出，第1根大阴线的出现表明市场进入调整，第1天市场向下跳空开盘，但是全天价格波动不大。小K线的实体反映主力对市场未来的发展趋势犹豫不决。第3天市场以高于第2天收盘价的价格开盘，并且买盘踊跃，继续向上推高价格，市场趋势反转信号出现。下面就通过一个实例，来对早晨之星组合形态进行分析。

如图3-3所示为现货白银2016年2～5月的K线图。从图中可以看出，在2016年2～3月下旬，银价一直处于震荡调整走势中。

在4月1月，银价收出一根长阴线。在后一个交易日中，银价向下跳空开盘，最终收出一根十字星。在后两个交易日中，银价的开盘价高于前一日的收盘价，且收出一根阳线。此时，这3个交易日的3根K线形成了

一个标准的早晨之星。同时，银价又处于阶段性的底部，这意味着行情将
会发生反转，多空双方的控制权已经发生改变。

如果投资者在早晨之星组合形态出现以后，就做空现货白银，那么就
可以抓取到一波短期的利润。因为在银价的后市走势中，有接近一个月的
时间都处于上涨行情中。

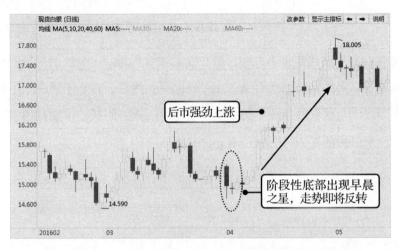

图 3-3　早晨之星组合形态分析

【提示注意】

在早晨之星组合形态中，当第 3 根 K 线的收盘价超过第 1 根 K 线实体的一半
以上时，该形态的见底反转信号会更加强烈。

2. 底部尽头线应用分析

底部尽头线一般出现在下跌走势中，第 1 根 K 线为大阴线或中阴线，
并留有一根长下影线，第 2 根 K 线为十字线、小阳线或小阴线，且依附
在第 1 根 K 线的下影线之内，这样的 K 线组合形态，叫作底部尽头线。
其基本形态如图 3-4 所示。

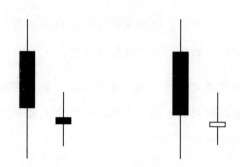

图 3-4　底部尽头线组合形态

在底部尽头线组合形态中，第 2 根 K 线实体越小，见底信号越强烈，特别是十字星的转势信号更强。如果底部尽头线后，接着出现一根中阳线或大阳线，与尽头线组成早晨之星，是短线买入的时机。下面就通过一个实例，来对底部尽头线组合形态进行分析。

如图 3-5 所示为现货白银 2013 年 10 月～ 2014 年 3 月的 K 线图。

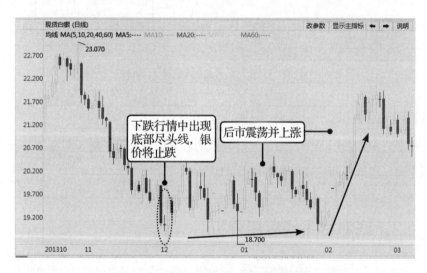

图 3-5　底部尽头线组合形态分析

从图 3-5 可以看出，在 2013 年 10 ～ 12 月初期，银价一直处于快速下跌的走势中。

在 12 月 2 日，银价收出一根大阴线。在后一个交易日中，银价又收出了一根阴十字线。同时，该阴十字线与前一日的大阴线形成了一个标准的底部尽头线组合形态。

此时，银价又处于阶段性的底部，出现该形态预示着下跌行情将可能得到有效控制。投资者可以少量建仓做多现货白银，银价在一段时间的震荡走势后，得到有效上涨，投资者可以获得不错的收益。

投资者在利用底部尽头线组合形态分析银价走势时，需要把握一些注意事项，具体介绍如下。

◆ 在底部尽头线组合形态中，第 1 根 K 线应该是带长下影线的大阴线或者中阴线。

◆ 在底部尽头线组合形态中，第 2 根 K 线的实体越小，如十字星，信号会越强烈。

◆ 在底部尽头线组合形态的第 1 根 K 线的下影线很短时，反转信号不是很强烈，成功率也不是很高。

◆ 在底部尽头线组合形态的第 1 根 K 线的下影线过长时，则是单针探底形态的底部尽头线，信号更可靠。

3. 双针探底应用分析

双针探底组合形态，是由两根有一定间隔（或无间隔）的带长下影线的 K 线组成。此形态出现在价格连续下跌之后，表示价格已经过两次探底，下档有较强的支撑，也就是下降趋势可能即将结束的信号，底部基本确认有效。双针探底组合形态经常发生在一段下跌行情的底部，是 K 线图中较为常见的底部反转形态之一。其基本形态如图 3-6 所示。

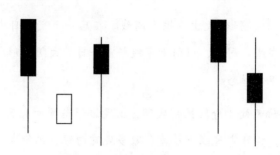

图 3-6 双针探底组合形态

双针探底组合形态基本都发生在一段下跌走势中，突然有一日收出一根带长下影线的 K 线，随后市场在很短的时间内，同样再收一根带长下影线的 K 线，而且这两根 K 线的最低价非常接近甚至相同。在这种情况下，预示着空头力竭，底部基本确认，市场可能即将转势，多头将展开反攻。下面就通过一个实例，来对双针探底组合形态进行分析。

如图 3-7 所示为现货白银 2015 年 1 ~ 5 月的 K 线图。

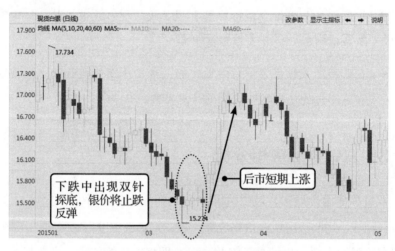

图 3-7 双针探底组合形态分析

从图 3-7 中可以看出，在 2015 年 1 ~ 3 月中旬，银价一直处于快速下跌的走势中。

在 3 月 11 日，银价收出了一根中阴线，且带有长长的下影线，后面几个交易日也开始止跌。在 3 月 15 日，银价收出一根小阴线，同样带有长长的下影线。将这两根带长下影线的 K 线及其中间的多个 K 线组合在一起，即形成了双针探底组合形态。

此时，基本可以确定银价的阶段性底部已经得到确认，市场可能即将反转，投资者可以开始做多现货白银。在银价后市中，短时间内能获得非常可观的收益。

【提示注意】

双针探底组合形态出现以后，银价一般是立即反弹，走出一波气势不凡的上涨行情。但对于某些特殊情况，在双针探底组合形态出现后，仅向上虚晃一下就跌了下来，然后再经过一段时间的调整后，才正式展开上升攻势。遇到这种情况时，投资者需要耐心等待，在适当的时机再加仓。

4．多方炮应用分析

多方炮组合形态，在走势上呈现出两阳夹一阴的 K 线形态。在银价连续下跌或横盘震荡时，第 1 天多方发力上攻，银价创出近期新高。但第 2 天出现回调整理的走势，第 3 天则多方再度放量上攻，形成突破大阳线，再创新高。之后银价跳空高开或者继续放量上行，多方炮组合形态形成。其基本形态如图 3-8 所示。

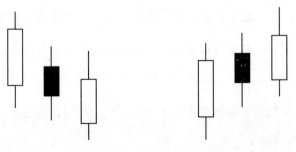

图 3-8　多方炮组合形态

在多方炮组合形态形成之后，投资者需要关注第 4 天的 K 线形态走势，最后再做出买卖决定。如果银价在第 4 天跳空高开，则可以果断做多；如果没有出现跳空高开，则可能是"哑炮"，最好场外观望。下面就通过一个实例，来对多方炮组合形态进行分析。

如图 3-9 所示为现货白银 2016 年 3 ~ 6 月的 K 线图。

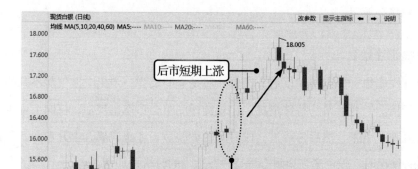

图 3-9　多方炮组合形态分析

从图 3-9 可以看出，在 2016 年 3 ~ 4 月中旬，银价一直处于震荡整理走势中。

在 4 月 15 日，银价收出一根中阳线。在 4 月 16 日，银价回调整理，收出一根中阴线。在 4 月 17 日，银价继续往上攻，收出一根大阳线，并突破了前期高点。这 3 个交易日的 K 线组成了一个多方炮组合形态。

如果投资者此时做多现货白银，那么在短期可以获得一定的收益。不过投资者需要注意多方炮组合形态的上涨力度，随时做好获利出局的准备。

投资者在利用多方炮组合形态分析银价走势时，需要把握一些注意事项，具体介绍如下。

◆ 在利用多方炮组合形态分析银价时，最好配合成交量来判断（第5章会详细介绍），其中第 3 根 K 线的成交量必须是最大的，且与近期比较也是相对较大的成交量。

◆ 多方炮组合形态形成之后，第 4 天必须出现放量上攻或跳空上涨形态，否则该组合形态可能为"哑炮"。

◆ 多方炮组合形态形成之前必须有一波明显下跌行情，且之后出现低位止跌横盘过程。

5. 阳包阴应用分析

阳包阴组合形态，是指银价下跌一段时间后，突然出现一根中阳线或大阳线将前一日的阴线全部吞没的 K 线组合。这说明多头发力，一举打垮了空头，走势形成反转。该形态前面的阴线不一定只是一根，也可以是几根，只要后面的阳线把它们都吞没该形态就成立。其基本形态如图 3-10 所示。

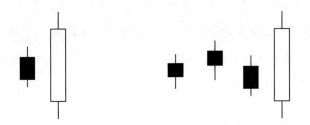

图 3-10　阳包阴组合形态

阳包阴组合形态是现货白银市场中多方强势的信号，银价上涨预期强烈。此时，在经历大幅下跌后有探底回升的迹象。如果银价已经历前期大幅调整，投资者在此时可适当做多，等待银价反弹；如果此形态出现在高位整理之后，则可能是主力诱多出货的手法，投资者需根据银价所处的阶段和成交量进行判断，千万别盲目做多。下面就通过一个实例，来对阳包阴组合形态进行分析。

如图 3-11 所示为现货白银 2015 年 8 ～ 11 月的 K 线图。

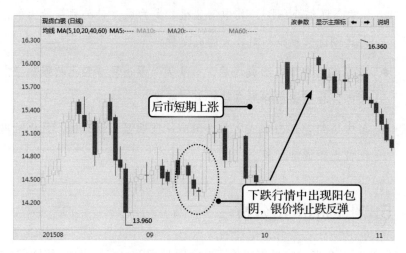

图 3-11　阳包阴组合形态分析

从图 3-11 可以看出，在 2015 年 8 ～ 9 月中旬，银价一直处于震荡调整走势中。

在 9 月中旬，银价由于在前期经历过大幅的下跌，近期跌势趋缓，进入整理走势，走出众多的小阴线与小阳线。在 9 月 16 日，银价小幅低开后强劲上涨，最后收出一根中阳线，把前几日的小阴线和小阳线全部包裹，形成阳包阴组合形态。

阳包阴组合形态出现后，投资者可以适当入场做多。从图中银价后市走势来看，投资者可以在短期获得很好的收益。

6. 平底应用分析

平底组合形态，是指由两根或两根以上的 K 线组成，所有的 K 线的最低点处在同一水平位置或几乎处在同一水平位置上。该形态表示银价在下跌或回调过程中，到达某一位置时不再下跌，开始企稳反弹，反弹后再次下跌到该位置时又受到了支撑，这表明此位置已经是近期低点。前面介绍的双针探底组合形态，是平底组合形态的一种特殊形态。其基本形态如图 3-12 所示。

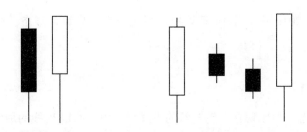

图 3-12　平底组合形态

如果银价在上涨行情中且上涨幅度不大，在回调的过程中出现平底组合形态，则说明是个很好的做多机会；如果在高位震荡的过程中出现平底形态，则只适合轻仓操作；如果在下跌行情中出现平底组合形态，则最好是出局观望；如果是在下跌中后期出现平底组合形态，则可以开始逐步建仓。下面就通过一个实例，来对平底组合形态进行分析。

如图 3-13 所示为现货白银 2015 年 11 月～ 2016 年 3 月的 K 线图。

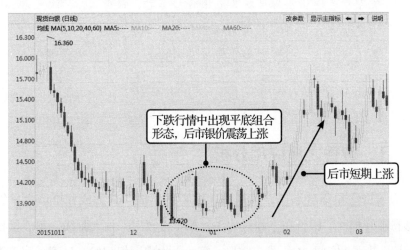

图 3-13　平底组合形态分析

从图 3-13 可以看出，在 2015 年 11 月中旬至 12 月初期，银价一直处于快速下跌走势中，达到了阶段性低价。

此后，银价就开始底部震荡调整，并在 2015 年 12 月 24 日、2016 年 1 月 12 日及 2016 年 1 月 14 日等处，形成一个平底组合形态。此后，银价开始震荡上行。

【提示注意】

平底组合形态一般出现在一轮短暂的下降趋势中，两根 K 线的最低价非常接近，这意味着行情探低见底，银价将反转上升。同时，投资者需要注意平底组合形态反转上升的力度较小，最好配合其他形态共同分析。

3.3 现货白银 K 线组合做空分析

与现货白银 K 线组合做多相反的是，在 K 线图中也存在做空组合。当出现某种 K 线组合形态时，银价在后市会出现下跌现象，这种能预测后市银价下跌的 K 线组合，就称为 K 线下跌组合。而投资者就可以利用这些 K 线下跌组合做空现货白银。

1. 黄昏之星应用分析

黄昏之星组合形态，也是由 3 根 K 线组成，其形成和早晨之星组合形态刚好相反。银价在上涨过程中，第 1 日收出一根大阳线，第 2 日收出一根向上跳空的小 K 线或十字星，第 3 天收出一根阴线，且深入到第 1 根 K 线的实体内部，此时则形成黄昏之星，该形态被视为见顶反转的信号。

其基本形态如图 3-14 所示。

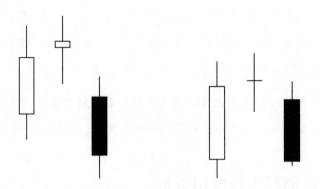

图 3-14　黄昏之星组合形态

黄昏之星组合形态属于见顶反转形态，预示着银价将开始下跌，形态确认后多仓需要及时出场，投资者可以积极做空。下面就通过一个实例，来对黄昏之星组合形态进行分析。

如图 3-15 所示为现货白银 2015 年 12 月 ~ 2016 年 3 月的 K 线图。

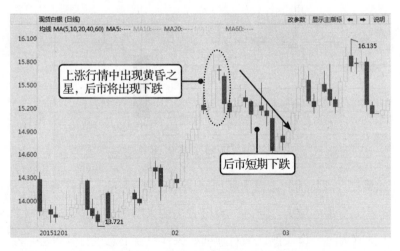

图 3-15　黄昏之星组合形态分析

从图 3-15 可以看出，在 2015 年 12 月 ~ 2016 年 2 月中旬，银价处于震荡上涨的走势中。

在 2016 年 2 月 11 日，银价因为前期的强势，收出了一根大阳线。在 2 月 12 日，银价跳空高开，收出一根十字星。在 2 月 15 日，银价跳空低开，收出一根大阴线，且深入到第 1 根阳线的内部。此时，这 3 根 K 线形成了一个黄昏之星组合形态。

黄昏之星组合形态的出现，预示着银价后市将会出现下跌回调。投资者可以适当卖出手中的多仓，并买入一部分空仓，进行一个短期操作。

2．顶部尽头线应用分析

顶部尽头线组合形态，是指由两根一大一小的 K 线组成，出现在上涨过程中。第 1 根 K 线为大阳线或中阳线，并留有一根长长的上影线，第 2 根 K 线为小十字线、小阳线或小阴线，依附在第 1 根 K 线的上影线之内，该形态与底部尽头线组合形态刚好相反。其基本形态如图 3-16 所示。

图 3-16　顶部尽头线组合形态

如果在上涨行情的末端出现顶部尽头线组合形态，且在筹码明显上移时伴随着成交量的放大。此时，投资者需要果断做出决策，并及时获利出局。下面就通过一个实例，来对顶部尽头线组合形态进行分析。

如图 3-17 所示为现货白银 2014 年 1 ~ 4 月的 K 线图。

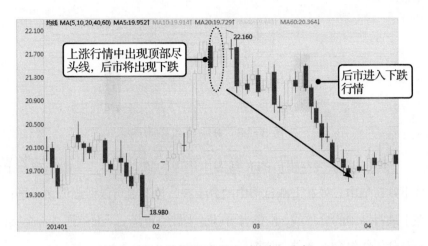

图 3-17 顶部尽头线组合形态分析

从图 3-17 中可以看出，在 2014 年 1 ~ 2 月下旬，银价经过了一段时间的整理走势后，又进入了一段时间的上涨行情。

在 2 月 17 日，银价收出一根中阳线，并带有长长的上影线。在第二个交易日中，银价收出了一根小阳线，且小阳线包含在前一日中阳线的上影线内。同时，当前银价位于阶段性高位，将这两个交易日的 K 线组合在一起，就形成了顶部尽头线组合形态。

此时投资者应该尽量卖出手中的多仓，可以买入部分空仓，因为银价后市将会进入下跌行情中。

3．分手线应用分析

分手线组合形态，是指由两条运动方向相反的 K 线组成，如同两人分手后向各自的方向走去，两根 K 线具有相同或相近的开盘价。

分手线分为两种形态，一种是前阴后阳组合形态，另一种是前阳后阴组合形态。两种组合形态的性质有所差别，前一种形态多显示做多信号，后一种形态则多显示做空信号。其基本形态如图 3-18 所示。

图 3-18　分手线组合形态

　　其实，分手线在银价的 K 线图中出现的频率不高，一般出现在上涨或下跌行情中。处在上涨行情中的分手线，投资者可以适当做多市场；处在下跌行情中的分手线，投资者可以适当做空市场。下面就通过一个实例，来对分手线组合形态进行分析。

　　如图 3-19 所示为现货白银 2015 年 9 ～ 12 月的 K 线图。

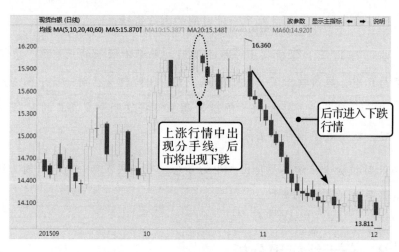

图 3-19　分手线组合形态分析

　　从图 3-19 可以看出，在 2015 年 9 ～ 10 月中旬，银价开始呈震荡整理走势，后进入上涨走势中，最终在阶段性高位开始震荡。

　　在 10 月 15 日，银价收出了一根十字星阳线，且带有较长的下影线。在后一个交易日中，银价以非常接近前一个交易日的收盘价开盘，最后收出一根中阴线。将这两根 K 线组合在一起，即形成了分手线组合形态。

此时，因为银价在相对高位出现了前阳后阴的分手线组合形态，同时在该形态的后一日出现阴线，表示银价后市将会进入下跌行情中，投资者可以适当做空现货白银。

投资者在利用分手线组合形态分析银价走势时，需要把握一些注意事项，具体介绍如下。

◆ 如果在银价低位出现前阳后阴分手线组合形态，则不能在当日做多，应等到收阳线时，才可买入。

◆ 如果在低位出现前阴后阳分手线组合形态，一般是银价见底的信号，投资者可以开始做多。

◆ 如果在高位出现分手线组合形态，不管是前阳后阴，还是前阴后阳，都是强烈的做空信号。

4. 空方炮应用分析

空方炮组合形态走势呈现出两阴夹一阳的 K 线形态，银价持续上涨之后出现该形态，为头部信号，后市看跌。第 1 天阴线主力大量出货压低银价，因长期上涨使资金逢低买入，第 2 天买盘推动银价收阳线，第 3 天主力再次高位出货，收出大阴线，这样空方炮组合形态形成。其基本形态如图 3-20 所示。

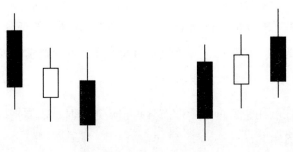

图 3-20 空方炮组合形态

如果空方炮组合形态出现在银价走势的阶段性顶部位置，则为非常强烈的看跌信号。多空炮组合形态出现以后，一定要果断卖出多仓，如果无法及时卖出，银价反弹后一定要坚决出货。下面就通过一个实例，来对空方炮组合形态进行分析。

如图 3-21 所示为现货白银 2014 年 7 ~ 10 月的 K 线图。

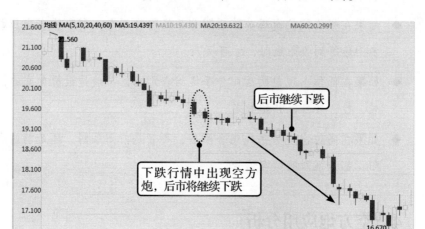

图 3-21　空方炮组合形态分析

从图 3-21 可以看出，在 2014 年 7 ~ 8 月中旬，银价一直处于震荡下跌的走势中。在 8 月 15 日，银价收出一根中阴线。在 8 月 18 日，银价回调整理，收出一根小阳线。在 8 月 19 日，银价继续往下跌，收出一根中阴线，并跌破前期低点。这 3 个交易日的 K 线组成了一个空方炮组合形态。

此时，在下跌行情中出现空方炮组合形态，表明银价还没有跌到底部，后市将继续下跌。前期抱有一丝幻想的投资者，在此时需要及时卖出手中所有的多仓，且可适当做空市场。

投资者在利用空方炮组合形态分析银价走势时，需要把握一些注意事项，具体介绍如下。

◆ 空方炮组合形态可以出现在上涨走势中，也可以出现在下跌走势中。如果是在上涨走势中，则为见顶信号；如果是在下跌走势中，则为继续看跌的中继形态。

◆ 空方炮组合形态中间的阳线可以是十字星阳线，也可以是数根小阳线，只要第 3 根阴线把前面的几根小阳线吞没，则同样具有看跌的意义。

5. "身怀六甲"组合形态应用分析

"身怀六甲"组合形态可以出现在任意行情中，银价先是收出一根大阴线或大阳线（中阴线或中阳线），接着收出一根小阴线、小阳线或十字星，并且第 2 根 K 线完全包含在第 1 根 K 线实体内，其最高价与最低价，均未超过第 1 根 K 线的最高价与最低价。其基本形态如图 3-22 所示。

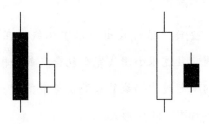

图 3-22 "身怀六甲"组合形态

"身怀六甲"组合形态的出现，一般预示着市场上涨或下跌的力量已趋衰竭，随之而来的很可能就是银价的转势。在上涨行情中，"身怀六甲"组合形态暗示银价向上推高的力量已经减弱，多头行情已经接近尾声，接下来可能是下跌行情；在下跌行情中，"身怀六甲"组合形态暗示银价下跌势头已经趋缓，很可能反转回升，或者说继续下跌空间已经不大，市场正积蓄力量，等待机会向上突破或反转。下面就通过一个实例，来对"身怀六甲"组合形态进行分析。

如图 3-23 所示为现货白银 2014 年 12 月～ 2015 年 3 月的 K 线图。

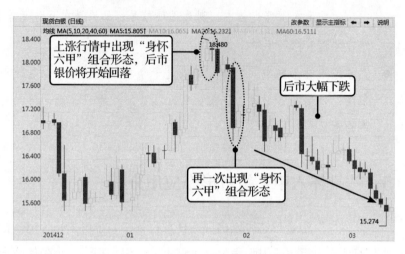

图 3-23　"身怀六甲"组合形态分析

从图 3-23 可以看出，在 2014 年 12 月～ 2015 年 1 月下旬，银价一直处于震荡上行的反弹走势中。

在 2015 年 1 月 22 日，银价收出一根中阳线。在后一个交易日中银价又收出一根小阴线，且这根小阴线完全包含在前一根中阳线的实体内，其最高价与最低价均未超过中阳线的最高价与最低价。此时，这两日的 K 线组成了一个"身怀六甲"组合形态。

同时，在 2015 年 1 月 29 日与 1 月 30 日走出的两个 K 线，也组成了一个"身怀六甲"组合形态。此时，更加能说明银价已经达到了阶段性的顶部，后市将开始回落，投资者需要及时做空市场。

· 04 ·
. PART .

銀价见顶
出逃形态

银价见底
反弹形态

银价持续
调整形态

通过K线图反转形态预测现货白银后市行情

在K线图中，除了可以查看单根K线与K线组合之外，银价长期的K线走势还会形成不同的形态，这些形态既有反转形态，也有反转前的持续调整形态，它们都是判断银价后期走势的重要依据，本章将会对它们进行详细介绍。

4.1 现货白银价格见顶出逃形态

> 顶部反转形态有很多种，如常见的双重顶、三重顶及圆弧顶等。顶部反转一般都是指银价有了一定的涨幅后，形成了头部形态，反映了见顶出逃的过程。顶部反转的K线图形态形成之后，投资者就应该以做空为主。

1．头肩顶形态

头肩顶形态是经典的反转形态，是在上升行情接近尾声时的看跌形态，图形以左肩、头部、右肩及颈线构成。在头肩顶形态中的3个最高点基本相同，而头部最高点比左肩和右肩最高点要高一些。其具体形态如图4-1所示。

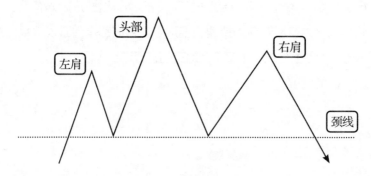

图 4-1　头肩顶形态

在头肩顶形态的形成过程中，左肩的成交量最大，头部的成交量略小些，右肩的成交量最小。成交量呈递减现象，说明银价上升时追涨力量越来越弱，银价有涨到头的意味。

因此，头肩顶形态是一种见顶信号，一旦头肩顶形态正式形成，银价下跌几乎成定局。投资者在实战中操作时需要密切注意以下几个问题。

◆ 当银价形成头肩顶形态雏形时，投资者就要引起高度警惕，这时银价虽然还没有跌破颈线，但可先卖出手中的一些筹码，将仓位减轻，日后一旦发觉银价跌破颈线，就将手中剩余筹码全部卖出，退出观望。

◆ 上涨时要放大成交量，下跌时成交量可放大也可缩小，对头肩顶形态来说，先是用很小的量击破颈线，然后再放量下跌，甚至仍旧维持较小的量往下滑落也是常有的事（在第5章会详解成交量）。

◆ 头肩顶形态对多方杀伤力度的大小，与其形成时间长短成正比。

在头肩顶形态形成过程中，银价形成头部向下跌破上升趋势线，为第1卖点；当银价跌破颈线支撑位置，为第2卖点；银价破位之后出现反抽颈线阻力，为第3卖点。下面我们就通过一个例子，来对头肩顶形态进行详细分析。

如图 4-2 所示为现货白银 2013 年 7 ～ 11 月的 K 线图。

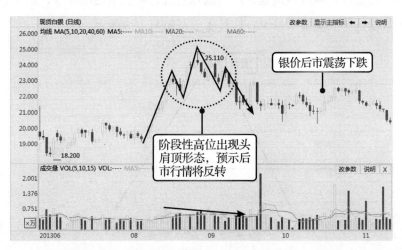

图 4-2　头肩顶形态分析

从图4-2中可以看出，在2013年8月中旬至10月反弹行情中，银价在高位形成了一个完整的头肩顶形态，最终宣告银价反弹行情结束，后市开始下行。

在8月中旬，银价形成了头肩顶形态的左肩，此时成交量放大。在8月下旬，形成头肩顶形态的头部，此时成交量已经开始萎缩。在9月初期，形成头肩顶形态的右肩，此时成交量再度萎缩。

因此，投资者需要对头肩顶形态保持足够的警惕，当银价跌破颈线位置要坚决止损。从银价后市的走势来看，银价跌破颈线后虽然进行了短暂的震荡走势，但最终还是进入了下跌行情中。

2．V形顶形态

V形顶，也称为尖顶，是银价经过连续急速上涨后，因为突如其来的某个因素扭转了整个趋势，在顶部伴随大成交量形成十分尖锐的转折点，一般需要2～3个交易日。随后银价以与上涨时同样的速度下跌，出现近乎垂直的急挫，从高点快速下跌到底点附近，成交量逐渐减小，整个移动轨迹就像倒写的英文字母V。其具体形态如图4-3所示。

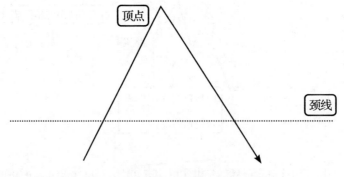

图4-3 V形顶形态

在市场乐观的情绪下，投资者纷纷做多现货白银，一轮快速上涨将银价推至高位，由于上升速度过快，未经调整，市场中的累积获利盘没有得到消化。如果遇到突发利空，获利盘和恐慌盘大规模抛出，银价高台跳水，直接跌至低位，有时比上涨的起点还要低。市场经过急剧下跌之后，趋势开始改变，已经由强到弱，发生了质的变化。下面我们就通过一个例子，来对 V 形顶形态进行详细分析。

如图 4-4 所示为现货白银 2014 年 11 月～ 2015 年 4 月的 K 线图。

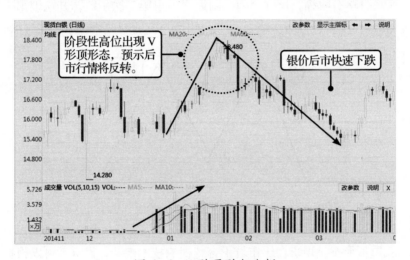

图 4-4　V 形顶形态分析

从图 4-4 可以看出，在 2014 年 11 月～ 2015 年 1 月，银价一直处于震荡整理走势中。

在 2015 年 1 月初期，银价开始反弹，并经过一波上涨行情。由于前期市场涨势过于猛烈，在 2015 年 1 月下旬，银价开始加速回落。银价急速掉头，投资者纷纷恐慌抛售，下跌速度令人措手不及，同时成交量也明显放大。

银价在高位形成 V 形顶形态，并跌破颈线时，就表明银价上涨行情已经结束，后市将进入到下跌走势中，投资者需要及时做空市场。

3．双重顶形态

双重顶，又称双重顶或 M 头，是 K 线图中较为常见的反转形态之一，由两个较为相近的高点构成，其形状类似于英文字母"M"，因而得名。在连续上涨过程中，当银价上涨到某一价格水平，成交量显著放大，银价就会开始掉头回落；下跌至某一位置时，银价再度反弹上行，但成交量较第一高峰时略有收缩，反弹至前高附近之后再第二次下跌，并跌破第一次回落的低点，银价移动轨迹像 M 字，双重顶形成。其具体形态如图 4-5 所示。

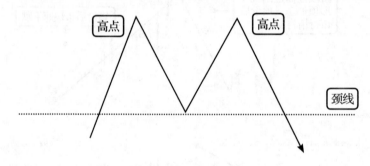

图 4-5　双重顶形态

双重顶形态是现货白银市场不容忽视的技术走势，投资者可以根据双重顶形成过程分析主力资金在其中的具体走势。同时，投资者在实战中操作时需要密切注意以下几个问题。

◆ 双重顶形态一般出现在银价的高位，前期的涨幅越大，后市下跌幅度越大。

◆ 双重顶形态的两个高点基本在一个水平线上。

◆ 双重顶形态第 1 个顶点的成交量比第 2 个顶点的成交量大。

双重顶形态是一个非常强烈的短线反转信号，该形态一旦确认，投资者就应该及时做空市场。下面我们就通过一个例子，来对双重顶形态进行具体分析。

如图 4-6 所示为现货白银 2013 年 12 月 ~ 2014 年 5 月的 K 线图。

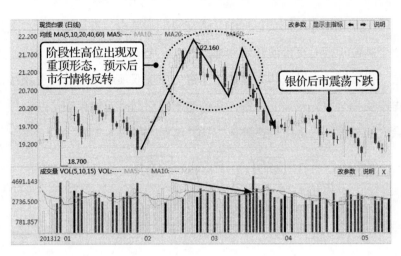

图 4-6　双重顶形态分析

从图 4-6 可以看出，在 2014 年 2 月下旬至 4 月的反弹行情中，银价在阶段性高位形成了一个完整的双重顶形态，这也说明银价反弹行情结束，后市将开始下跌。

在 2 月中旬，银价形成了双重顶形态的左侧高点，此时成交量放大。在 3 月中旬，银价形成了双重顶形态的右侧高点，此时成交量已经开始萎缩，且右侧高点的成交量明显小于左侧。

其实，在银价跌破颈线后投资者就不该再抱有幻想，应该坚决卖出手中的多仓，出局观望。从银价后市可以看出，银价虽然没有立即进入大幅下跌的行情，但基本处于震荡下跌的走势中。

4．三重顶形态

三重顶，又称为三尊头。它是以 3 个相接近的高位形成的转势 K 线图形态，通常出现在上涨走势中。典型三重顶，通常出现在一个较短的时期内穿破颈线形成。

在三重顶形态的形成过程中，成交量随即减少，直至银价再次上升到第3个高位时，成交量便开始增加，形成一个确认三重顶信号。最低点的形成，投资者通常以它作为颈线，当银价出现双顶后回落至接近颈线，然后再次反弹至原先双顶的位置，并遭遇阻力后回落。如果银价跌破颈线，便会大幅滑落，三重顶形态确认。其具体形态如图4-7所示。

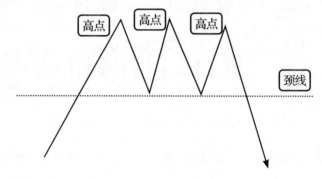

图 4-7　三重顶形态

银价在上涨一段时间后，投资者开始获利回吐，银价从第1个峰顶回落，当跌落至某一区域，吸引了一些看好后市的投资者兴趣，于是行情再度回升，但市场做多人气不够旺盛，在银价回升至前一高位附近时，遇到减仓盘的抛售，银价再度走软，在前一次低点附近，新加入投资者及短线买盘再度拉起，由于在高点两次都受阻回落，令大多数投资者在银价第3次接近前两次高点时都纷纷减仓，银价逐步下滑并跌破前两次低点与颈线。下面我们就通过一个例子，来对三重顶形态进行详细分析。

图4-8所示为现货白银2015年8～11月的K线图。从图4-8可以看出，在2015年8～10月，银价一直处于震荡整理走势中。在10月初期，银价开始发力上涨。之后投资者开始获利回吐，银价从第1个高点回落。很短暂的时间内，现货白银持续被投资者看好，银价又被推向第2个高点。

由于市场人气不旺，在 10 月中旬，银价又开始疲软。同样，银价下落到前一次低点后，又开始上涨，最后在 10 月下旬达到第 3 个高点并回落。这 3 个高点就形成了三重顶形态，同时还伴随着成交量的减少。

在三重顶形态得到确认后，投资者就需要及时做空现货白银，以避免出现更大的损失。

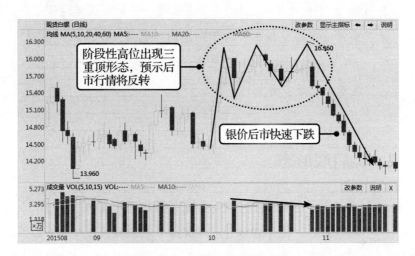

图 4-8 三重顶形态分析

投资者在利用三重顶形态分析银价反转走势时，需要把握一些注意事项，具体介绍如下。

◆ 三重顶的 3 个顶点和低点的价格不必完全一样，相差在 3% 以内就成立，间隔距离与时间也可以不一致，只要相近即可。

◆ 三重顶形态理论上最小跌幅是指 3 个顶部高点的连线到颈线的垂直距离。顶部越宽，下跌力量越强。

◆ 当三重顶的第 2 个波峰形成时，如果成交量出现顶背离现象，投资者可以考虑适当减仓。

◆ 当三重顶形成第 3 个顶时，如果上升时成交量非常小，显示出即将下跌的征兆，投资者要引起警觉，可果断离场观望。

4.2 现货白银价格见底反弹形态

> 在现货白银市场中，银价不可能一直上涨，也不可能一直下跌。在下跌走势中，投资者需要注意一些见底反弹的信号。见底反弹一般都是指银价有了一定的跌幅后，形成了底部形态，出现了见底反弹的情况。见底反弹的K线图形态形成之后，投资者就可以做多为主。

1. 头肩底形态

头肩底形态是现货白银中一种典型的趋势反转形态，是在行情下跌尾声中出现的看涨形态，图形中以左肩、底部、右肩及颈线构成。银价急速下跌后止跌反弹，形成第1个波谷，但反弹遇阻再次回落，跌破前一低点，之后再次止跌反弹形成第2个波谷。但反弹遭遇第1次反弹高点阻力再度下跌，银价跌至第1个低点附近再度反弹，形成第3个波谷。同时，成交量也明显放大，银价突破第1次反弹与第2次反弹连接形成的颈线阻力，头肩底形态形成。其具体形态如图4-9所示。

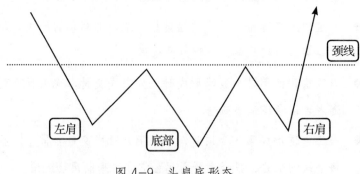

图 4-9　头肩底形态

从实战经验来看，头肩底形态中的 K 线突破颈线之后，由于此时空方的动能还具有相当大的分量，往往会出现习惯性的反扑回抽，如果回抽时成交量缩小，那么可以认为前面的颈线突破有效。反之，如果出现回抽时成交量放大，投资者就应当小心，此时千万不可轻举妄动。

对于稳健的投资者来说，在运用头肩底形态时可以耐心等待市场对突破的确认。如果头肩底中银价突破颈线，并站稳在颈线上，从此不再回到颈线之下，那么这样的突破就是有效的突破。如果在突破颈线之后的交易日里，很快又回到了颈线之下，那么说明前边的突破是无效的突破，此时应当及时止损出局。下面我们就通过一个例子，来对头肩底形态进行详细分析。

如图 4-10 所示为现货白银 2013 年 10 月 ~ 2014 年 3 月的 K 线图。

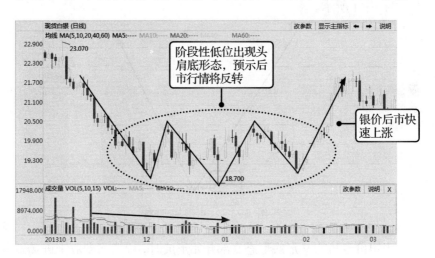

图 4-10　头肩底形态分析

从图 4-10 可以看出，在 2013 年 11 月 ~ 2014 年 3 月，银价的走势出现了头肩底形态。

成交量方面，在 2013 年 10 ~ 12 月，银价一直处于逐步下跌走势中，且成交量也逐步缩小。在进入头肩底形态后，成交量变化虽然不是特别明显，但也能看出在继续缩小。

在 2014 年 2 月中旬，银价突破了头肩底形态的颈线，这也使该形态得到确认，预示着银价后市将进入到一波上涨行情中。此时，投资者可以做多现货白银。

2. V 形底形态

银价开始震荡下跌，之后又快速下跌，且成交量持续放大。当下跌到某一低点后跌势突然逆转，银价转而大幅上扬，多方立即控制市场，上涨的速度与之前下跌的速度一样，在几乎相同时间内收复所有失地。因此，银价的运行，形成一个像 V 字形一样的轨迹，V 形底形态形成。其具体形态如图 4-11 所示。

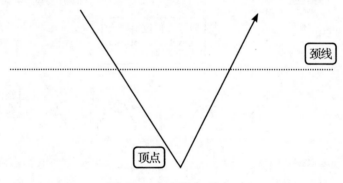

图 4-11　V 形底形态

当银价走势的 V 形底形态底部开始形成时，投资者要敢于进场做多。当然，如果投资者担心被套牢或亏损，可以先轻仓介入，并设置止损位置，若判断失误则会止损出局。同时，V 形底前期下跌的幅度越大，则后市上涨的空间就越大。下面我们就通过一个例子，来对 V 形底形态进行详细分析。

如图 4-12 所示为现货白银 2009 年 11 月 ~ 2010 年 4 月的 K 线图。

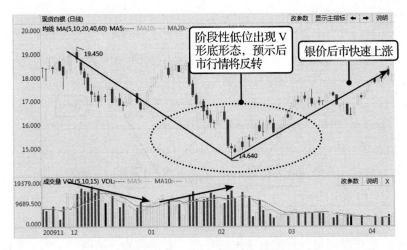

图 4-12　V 形底形态分析

从图 4-12 可以看出，在 2009 年 11 月～2010 年 2 月初期，银价一直处于震荡下跌走势。同时，成交量开始有缩小的迹象，但在 2010 年 1 月中旬至 2010 年 2 月初期又开始放大。

在 2010 年 2 月初期，银价下跌到某一低点后跌势突然逆转，转而大幅上扬，且上涨速度与前期下跌速度基本一致。此时，证明多方基本控制了市场。而该上涨走势与前期下跌走势构成了 V 形底形态。

此时，投资者可以在银价突破颈线后入场做多现货，因为银价后市将迎来一波反弹行情。

3．双重底形态

双重底，也称 W 底，是指现货白银的价格在连续两次下跌的低点大致相同时形成的银价走势图形。两个跌至最低点的连线叫支撑线。它的形成是这样的，在下跌行情的末期，市场现货白银的出售量减少，银价跌到一定程度后，不再继续下跌，双重底形态形成。理论上，双重底形态的反转高度将是一个形态高度，即银价最低点与颈线之间的垂直高度。其具体形态如图 4-13 所示。

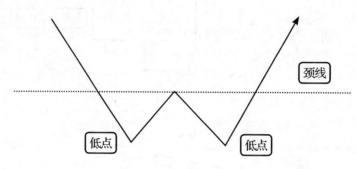

图 4-13　双重底形态

双重底形态是强烈的看涨反转形态，必须有效突破颈线阻力位才能确认形态的成立，双重底形态确认后，投资者可以做多现货白银。下面我们就通过一个例子，来对双重底形态进行详细分析。

如图 4-14 所示为现货白银 2011 年 10 月 ~ 2012 年 3 月的 K 线图。

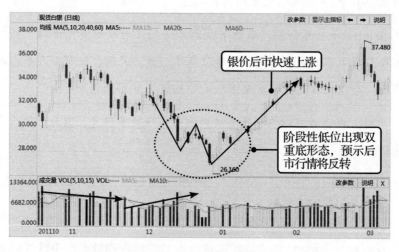

图 4-14　双重底形态分析

从图 4-14 可以看出，在 2011 年 10 月至 12 月初期，银价一直处于震荡下跌走势。同时，成交量开始有缩小的迹象。

在 12 月下旬，银价下跌到某一低点后跌势突然逆转，出现大幅上扬，且成交量开始放大。但反弹到一定高度之后因获利盘打压再度回落至前期低点附近，空方力量衰竭，无力再创新低，从而再次掉头回升并突破上次反弹高点，双重底形态形成。

此时，投资者可以根据银价后市是否突破颈线为判断依据，如果有效突破颈线，则可以开始做多现货白银，后市将会获得不错的收益。

投资者在利用双重底形态分析银价反转走势时，需要把握一些注意事项，具体介绍如下。

◆ 实战中的双重底形态大多数存在着两个低点不相称的情况，这种情况下形态同样成立，但形态反转效果会有些许差异。

◆ 第 2 底形成并突破颈线过程必须要有成交量的配合，如果成交量无法放大跟进，则反转力度将会较弱，同时银价还有回落的风险。

◆ 双重底形态构筑时间越长，银价后市的效果越明显。

◆ 银价突破颈线后，如果再次回落，颈线将会成为支撑线。

4. 三重底形态

三重底形态是三重顶形态的倒影，只不过它是在下跌走势中以 3 个相近的低点形成。

银价经过长期下跌之后，随着成交量渐渐萎缩，下跌的速度减缓并出现反弹，且反弹到某一价位处止涨回落，但下跌到前期低点附近时止跌，之后又再次反弹上行，至前一次的高点时再次遇阻回落，回到前两次止跌位附近时，成交量开始放大，同时银价开始上涨，并一举突破前两次遇阻的高点与颈线，三重底形态形成。其具体形态如图 4-15 所示。

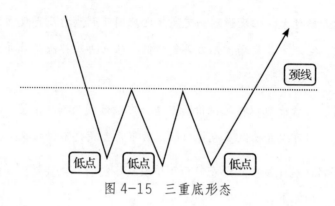

图 4-15　三重底形态

在三重底形态的形成过程中，成交量会减少，直至价格再次上升到第3个低位时，成交量便开始增加，形成一个确认三重底讯号。三重底是一种预测长期下降趋势出现逆转的技术分析模式。与三重顶相比，三重底图形一般情况下会拖延数月的时间以及穿破了阻力线才被确认为三重底的图形。还有一种确认三重底的讯号，可以在成交量中找到。下面我们就通过一个例子，来对三重底形态进行详细分析。

如图 4-16 所示为现货白银 2012 年 3 ～ 10 月的 K 线图。

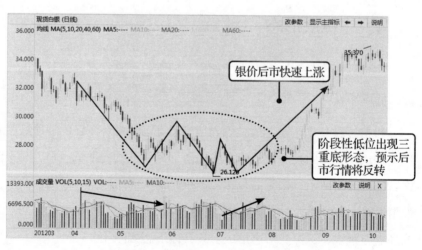

图 4-16　三重底形态分析

从图 4-16 可以看出，在 2012 年 3 ～ 5 月中旬，银价一直处于快速下跌的走势，同时伴随着成交量的减少。

在 5 月中旬，银价下跌到某一价位时，开始出现反弹，但是反弹的力度不大，至某一价位处止涨回落。在 6 月下旬，银价下跌到前一低点附近时又止跌，之后又开启第 2 次反弹。在 7 月初期，银价继续反弹到前一次的高点时再次遇阻回落，回到前两次止跌位附近时，成交量开始放大。之后银价突破了前期高点，此时便形成了一个三重底形态。

当银价突破三重底形态的颈线时，投资者就可以开始做多现货白银，之后银价也会进入到一波不错的上涨行情中。

4.3 现货白银价格持续调整形态

> 现货白银的持续整理形态，是指银价经过一段时间的快速变动之后，就不再前进，而在一定区域内上下窄幅度地变动，等时机成熟后再继续以往的走势。持续整理形态的时间有长有短，因此它随后可能出现反转突破，所以投资者需要了解持续整理的常见形态，以便更好地把握住止损或盈利的机会。

1. 矩形形态

矩形又叫箱形，是一种典型的整理形态，是指银价在两条水平直线之间上下波动，作横向延伸的运动。

矩形形态在形成之初，多空双方全力投入，各不相让。空方在银价涨到某个位置就开始做空市场，多方在银价下跌到某个价位就开始做多市场，时间一长就形成两条明显的上下界线。随着时间的推移，双方的战斗热情会逐步减弱，市场趋于平淡。其具体形态如图 4-17 所示。

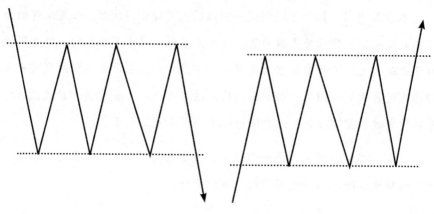

图 4-17　矩形形态

矩形形态最佳的买卖点为银价突破矩形和回抽确认之时，投资者也可以在银价接近矩形上下轨时做短线差价，但需注意设立止损点。银价在经过大跌之后，在低位形成长期的矩形形态则有可能是在筑底。下面我们就通过一个例子，来对矩形形态进行详细分析。

如图 4-18 所示为现货白银 2014 年 1 ~ 8 月的 K 线图。

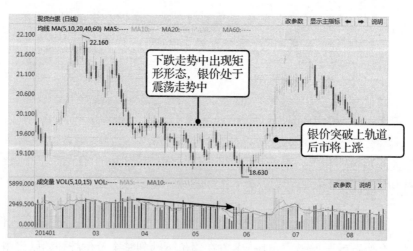

图 4-18　矩形形态分析

从图 4-18 可以看出，在 2014 年 2 月初期，银价一直处于快速上涨走势中。在 2 月下旬，银价开始回落下跌。

在 4 月中旬，银价进入震荡调整走势，将该走势的最高点与最低点用直线连接，可以发现其是一个矩形调整形态，因为每次的上涨与下跌都在同一个平台中。同时，成交量也在不断萎缩。此时，表明了银价的调整是为了巩固市场，并不会有实质性的上涨与下跌。

所以投资者可以在银价进入矩形形态后，就离场观望，等银价突破矩形形态后，再根据后市作出选择。如果银价突破上轨道，则可以入场做多；如果银价突破下轨道，则可以入场做空。

2. 上升三角形形态与下降三角形形态

银价在某特定的水平出现强大的卖压，价格从低点回升到水平线便告回落，但市场的购买力也十分强，银价还没有回到上次低点即开始反弹，这种情形持续使银价随着一条阻力水平线波动日渐收窄。同时，成交量也在不断萎缩。如果把每一个短期波动高点连接起来，可以绘制出一条水平阻力线。而每一个短期波动低点则可相连出另一条向上倾斜的线，这就是上升三角形。

下降三角形形态与上升三角形形态恰好相反，银价在某特定的水平出现稳定的购买力，因此每回落至该水平线处便开始回升，形成一条水平的压力线。可是市场的做空力量却不断加强，银价每一次波动的高点都低于前一次，于是形成一条下倾斜的支撑线。同时，成交量在完成整个形态的形成过程中，也一直处于非常低迷的状态。上升三角形与下降三角形的基本形态如图 4-19 所示。

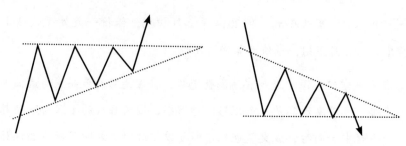

图 4-19　上升三角形与下降三角形形态

　　上升三角形形态显示出了多空双方的买卖能量，但多方的力量在争持中已稍占上风。空方在其特定的银价水平虽然没大量做空市场，但是也不看好后市。于是银价每升到一定水平便会回落，这样在同一价格的回落走势形成了一条水平的压力线。不过，市场的购买力还是很强，这些投资者在银价回落到上次的低点时，便迫不及待地做多，因此形成一条向右上方倾斜的支撑线。

　　下降三角形形态同样是多空双方在某价格区域内的较量表现，然而多空力量却与上升三角形形态所显示的情形相反。下面我们就通过一个例子，来对上升三角形形态进行详细分析。

　　如图 4-20 所示为现货白银 2012 年 3 ～ 10 月的 K 线图。

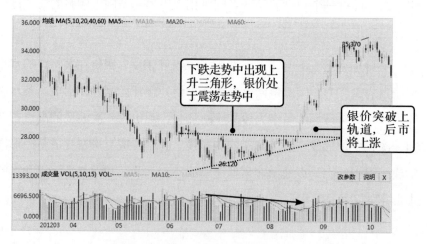

图 4-20　上升三角形形态分析

从图 4-20 可以看出，在 2012 年 3 ~ 5 月中旬，银价一直处于快速下跌走势中。在 5 月下旬至 6 月下旬，银价出现了小幅度的反弹。

在 6 月 28 日，银价达到了阶段性低价。然后触底反弹，开始出现震荡上涨走势，在震荡上涨的过程中，下跌的低点逐步上移，反弹的高点保持在一定的水平内，将高点和低点分别用直线连在一起，即可得到一条水平的直线与一条收敛的直线，这就是上升三角形形态。

在上升三角形形态的形成过程中，成交量在逐步萎缩，银价也在后期走势中突破了上升三角形形态的水平线，这表明银价后市将迎来一波不错的上涨行情。

3. 低档盘旋形态

低档盘旋形态一般在下跌的过程中出现，在一根大阴线或中阴线之后，连续出现多根小实体 K 线横盘止跌，并进行窄幅的震荡整理，走势由下跌转为多空双方对峙状态，不过最终以空头力量占绝对优势，使银价再次出现一根大阴线或中阴线，然后破位下行，打破这种对峙的僵局。当然，也有可能出现空头直接跳空低开，向下收阴线来打破这种僵局。低档盘旋形态出现表示银价后市还会继续下跌，是一个做空信号。其具体形态如图 4-21 所示。

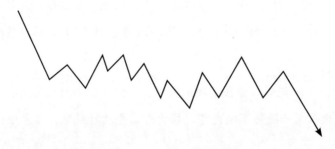

图 4-21　低档盘旋形态

低档盘旋形态是一种非常典型的做空信号，表示银价将出现新一轮的下跌趋势，投资者见到时，应及时卖出，及时减仓，避免银价继续下跌带来的风险和损失。下面我们就通过一个例子，来对低档盘旋形态进行详细分析。

如图 4-22 所示为现货白银 2014 年 10 月 ~ 2015 年 5 月的 K 线图。

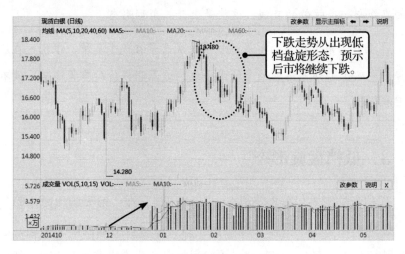

图 4-22　低档盘旋形态分析

从图 4-22 可以看出，在 2014 年 10 月 ~ 2015 年 1 月下旬，银价一直处于震荡上涨走势，并达到了阶段性高价，且成交量也出现放大，随后银价开始见顶回落。

在 2015 年 1 月 29 日，银价收出一个大阴线。之后银价开始在大阴线的范围内波动，收出多根小 K 线。在 2015 年 2 月 16 日，银价又收出一根大阴线。

此时，可以说明银价在下跌走势中，走出了低档盘旋形态，预示着银价后市将进入新一轮的下跌走势，投资者需要及时做空，以免遭受损失。

.PART.

成交量
指标概述

成交量
类型分析

利用量价
关系分析

成交量——现货白银投资制胜的关键

成交量是表示市场供需关系的指标，大量的买单或卖单最后都反映在成交量中。这在现货白银市场上也是一种重要的市场指标，虽然现货白银成交量没有股票成交量那么完全精准，但现货白银成交量是一个相对指标，代表一种市场趋势。因此，对于现货白银投资者来说，成交量可能是现货白银投资制胜的关键。

5.1 现货白银成交量指标概述

> 成交量的大小，直接表明了市场上多空双方对市场某一时刻技术形态的最终认同程度。虽然现货白银成交量只是较小的一部分技术指标，但它却有可能决定投资的成败。下面就对其进行具体介绍。

1．认识成交量指标

现货白银成交量，简称 VOL，是指一个时间单位内对某项交易成交的数量，通常指"日成交量"。成交量是一种供需的表现，当供不应求时，市场热情高涨，买卖的投资者都很多，成交量自然放大；反之，供过于求，市场冷清，买卖稀少，成交量势必萎缩。如图 5-1 所示为现货白银成交量显示情况。

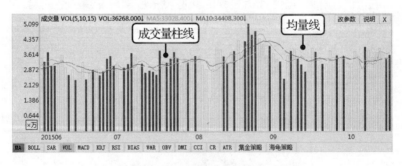

图 5-1　现货白银成交量显示情况

需要注意的是，通常投资市场中所说的成交量是指成交金额，通过其可以说明市场的活跃度和资金规模。成交量与成交金额可以用以下公式来表示。

成交数量（成交量）× 成交价格 = 成交金额（成交额）

银价长期成交量偏少，就是银价走势开始低迷的信号。银价上涨可以通过大的成交量或成交量逐渐放大来确认其走势，银价成交量情况也是现货白银对投资者吸引程度的真实反应，当投资者看好现货白银就会做多，持有多仓的投资者就会持仓上涨，从而推动银价的上涨。同理，如果投资者不看好现货白银，持仓的投资者就开始卖出，而空仓的投资者也不会买入或直接做空市场，从而导致银价下跌。

一般情况下，银价向上突破颈线位、强压力位都需要放量攻击，即上涨要有成交量的配合；但向下破位或下行时却不需要成交量的配合，无量下跌天天跌，直至再次放量，显示出有新资金入市抢反弹或抄底为止。价涨量增、价跌量缩称为量价配合；反之，则为量价不配合。虽然成交量可以配合银价进行研判，但从根本上来说不会决定银价的变化。

2．均量线可以化被动为主动

均量线是一种反映一定时期内市场平均成交情况，即交投趋势的技术性指标，均量线参数分别设为 5 日、10 日和 40 日。一般来说，如果 5 日、10 日与 40 日均量线均向上运行，特别是 40 日均量线刚刚从止跌企稳状态拐头向上，则说明本轮上攻行情刚刚启动。投资者可以大胆做多，买入点可以选在银价回调、成交量经过大幅缩小之后。在一轮主升浪当中，仅用 10 日均量线也可以寻找出做多信号，即在 10 日均量线走出圆弧底形态时可以考虑买入。

投资者要先判断出主力的成本，才有可能了解到主力的投资轨迹，才能在竞争激烈的投资市场中获得盈利。因此，不少投资者将注意力集中在均量线上，对它的波动特别敏感。由于主力的投资是通过波段式操作进行，所以许多散户投资者常常因为不清楚主力的行为，屡屡处于被动的局面而无法主动出击，此时就需要借助一些突破性的辅助讯号。

■ 使用均量线判断银价走势

将一定时期内的成交量相加后平均，成交量的柱形图中形成的较为平滑的曲线，即为均量线。这个时期一般以10天作为采样标准，银价往上走或下行，可以适当加高或缩短天数，采样天数有利于发现变量异动。不过，投资者需要记住以下技巧。

◆ 在上涨行情初期，均量线随银价不断创新高而上升，显示了市场人气的聚集过程；在上涨行情进入尾声时，尽管银价再创新高，均量线如果已经出现疲软，则表明市场追高的意愿发生了变化；在下跌行情中，当银价不断跌出新低，而均量线也已趋于平缓，且有上升迹象，则表明银价已经到底，投资者可以伺机做多。

◆ 5日均量线在10日均量线下方持续下跌，且无拐头迹象，此时表明后市将继续下跌。5日均量线在日均量线上方上升，则显示当前行情将继续上涨。

■ 使用均量线判断银价走势

对于某些时期，银价之所以能一涨再涨，与基本面因素的影响和主力收集筹码的成本有重要关系，而这些都离不开均量线的扫描，因为它能反映出成本的高低和持仓量的大小。

如果主力的成本较高且持仓量较大，则不会轻易做空市场。如果投资者清楚这一点，则可以在主力成本的1.1倍左右，适量跟随主力做多。如均量线和银价明显不匹配，投资者就要时刻防备由于主力的低成本而随时可能出现的做空现象。

均量线反映的是现货白银市场成交的主要趋向，是市场的本质属性。因此，想要在现货白银市场中获利，均量线是不可忽略的重要因素。

3．成交量也具有欺骗性

许多投资者特别是新手投资者都坚信"现货白银市场上什么都可以骗人，唯有成交量不可以骗人"。其实这句话并不完全正确，因为成交量与其他技术指标一样，都具有欺骗性，如果投资者不仔细辨认成交量的真假，最终也会以亏钱收场。

■ 静态的成交量具有平衡性

在现货白银市场上，成交量放大，说明买的力量在增加，卖的力量也在增加；成交量萎缩，说明买的力量在减少，卖的力量也在减少。不过这对银价背后的启示意义比较有限，因为没有一种指标能百分之百地揭示现货白银价格未来的动向。

但如果真的存在一个那样的指标，那么现货白银市场会是市场既不出现猛涨现象，也不出现猛跌现象，而是市场直接崩溃。因为所有的投资者都根据同一个信号做多市场，而没有投资者卖出，就无法成交。这也就说明，静态的成交量具有平衡性。

例如，有100个投资者买入就说明有100个投资者卖出，成交量的大小取决于买卖双方力量较小的一方，而不是力量较大的一方。如果有100个投资者想要买入，但只有一个投资者想要卖出，最后的成交量是1，而不是100；如果有150个投资者想买入，却有200个投资者想卖出，最后的成交量是150，而不是200。这也就说明只有买卖的数量达到平衡，成交量才能达到最大。

■ 成交量存在的欺骗性

当大资金入场时，时刻计划着如何能获得投资者手上的筹码以及诱使资金入场，从而为下一步操作做准备，成交量是交易双方对市场反向认同的直接表现。反向越激烈，成交量越大；反向越平稳，则成交量越小。成交量对市场的预示功能与其他指标相比，具有一定的局限性，特别是在成交量较低的时候。

而成交量最大的欺骗性就是主力对倒，自买自卖，以便迷惑投资者。这些主力可以扮演个人投资者，但个人投资者绝不可能扮演主力，主力的行为有时候与个人投资者一样，所以他们更会利用成交量的情况来欺骗个人投资者。因此，投资者想要利用成交量来判断银价走势，一定要分清楚现货白银行情发展的阶段特征，不能盲目进行操作。

5.2 常见的成交量类型分析

根据成交量的多少与银价所处位置，可以将成交量分为多种类型，如地量、天量等。只要投资者及时关注成交量的不同变化，就可以及时判断出银价的走势。

1. 地量市场多萎靡

地量是相对于银价处于高位的天量而言，通过统计历史上银价处于高位、低位的成交量数据，可以发现，地量的标准有迹可循。衡量中级下跌行情是否见底的标准是，底部成交量要缩至顶部最高成交量的 20% 以内。如果成交量大于这个比例，说明银价还有下跌空间；反之，则可望见底。

地量说明市场极不活跃，买卖双方都不积极参与交易，市场表现得比较冷淡。一般地量出现在市场底部，因为没有上涨的空间，所以没有太多投资者愿意入场。下面就通过例子来对地量进行分析。

如图 5-2 所示为现货白银 2014 年 4 ～ 7 月的 K 线图。

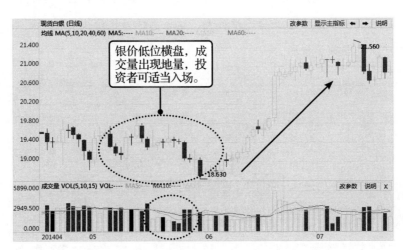

图 5-2 现货白银 2014 年 4 ～ 7 月的 K 线图

从图 5-2 可以看出，在 2014 年 4 ～ 6 月，银价在现货白银市场底部极度低迷，一直处于震荡走势中。

同时，成交量逐步萎缩，且在 5 月下旬出现了地量。因为成交量在前期顶部最高成交量的 20% 以内，预示着银价后市将出现反弹。此时，投资者可以入场适当做多。在 5 月 29 日，银价达到了阶段性低价后，开始触底反弹，银价后市走出了一波不错的行情。

如图 5-3 所示为现货白银 2014 年 6 ～ 10 月的 K 线图。从图中可以看出，银价在前期经过大幅上涨后，开始回调整理。随后银价出现了连续下跌的走势，在下跌过程中也出现了地量。这主要是因为银价屡次创出新低，市场热情不高，没有太多的投资者看好市场而买入现货白银。同时，还因为银价下跌过快，导致许多投资者被套牢，但因为价位低而不愿意设置止损位出场。

因此，最终导致成交量变得比较小，从而在 8 月出现了地量。但由于地量没有缩至顶部最高成交量的 20% 以内，则表明银价还有下跌空间，投资者此时只有耐心等待。

在 9 月后，成交量开始逐步放大，这也意味着银价快要接近底部，投资者可以适当做多市场。

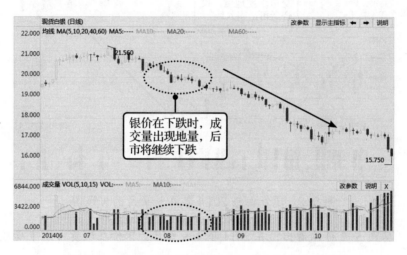

图 5-3　现货白银 2014 年 6 ~ 10 月的 K 线图

2．天量能涨也能跌

天量代表着现货白银当天巨大的交易量，天量通常与突破相关联，俗话说的天量上涨或天量下跌，都是表示现货白银价格与前段时间走势拉开，预示着进入快速上升或下降通道以及形态反转的可能性。

天量的出现只能说明有较大的交易，不能完全肯定银价后市是上涨还是下跌。因为当日出现天量，可能使银价突破新高，也可能使银价后市出现回调。下面就通过例子来对天量进行分析。

如图 5-4 所示为现货白银 2014 年 10 月 ~ 2015 年 2 月的 K 线图。从图中可以看出，在 2014 年 12 月下旬，银价在震荡走势中成交量突然放大，结束了前期长时间的地量。此时，银价开始大幅度走高，说明有大量的投资者做多市场推高了银价。因此，投资者在此时做多市场是比较安全的。

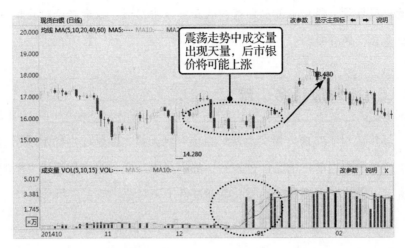

图 5-4　现货白银 2014 年 10 月 ~ 2015 年 2 月的 K 线图

如图 5-5 所示为现货白银 2016 年 3 ~ 8 月的 K 线图。

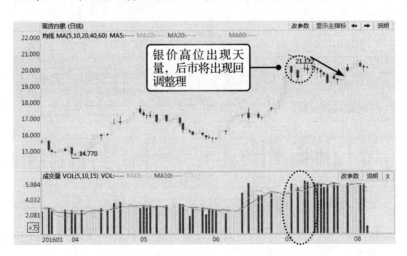

图 5-5　现货白银 2016 年 3 ~ 8 月的 K 线图

从图 5-5 可以看出，在 2016 年 3 ~ 7 月，银价一直处于震荡上涨的行情中。在 7 月 14 日，银价达到了阶段性高位，此时有许多获利盘开始考虑离场。

在7月15日，市场出现了一定的恐慌，当天出现了大量的抛盘，成交量出现巨量，银价也开始回落，收出一根中阴线。投资者此时应该适当卖出多仓，保存盈利。

3．逐步放量多上涨

逐步放量不是成交量突然从地量上升到天量，而是逐步稳定地增加。逐步放量说明当前行情已经进入到上涨趋势中，而且银价是逐步上涨的，投资者可以放心入场做多。下面就通过例子来对逐步放量进行分析。

如图5-6所示为现货白银2014年4～8月的K线图。

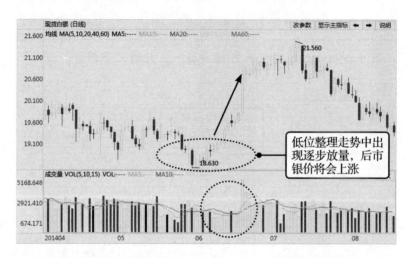

图5-6 现货白银2014年4～8月的K线图

从图5-6可以看出，在2014年4～6月，银价一直处于低位整理走势中。同时，成交量也逐步缩小。当银价快要达到阶段性低点时，成交量也达到地量。

随后银价触底反弹，成交量也开始出现了放量现象，这说明多头力量正在逐步增强。盘整行情结束，并进入到上涨行情中。投资者可以在此时做多现货白银，等待银价后市的强势上涨。

5.3 量价关系是重要的分析工具

> 现货白银的价格和成交量是两个最基本的要素，投资者可以根据成交量和银价的变化，来分析大众对现货白银的买卖意愿与买卖力道，寻找银价阻力最小的方向，从而确定该进入市场还是该退出市场。

1. 量增价升

如果银价逐渐上升，成交量也增加，说明价格上升得到了成交量增加的支撑，后市将继续看好，特别是运用在基本面向好的情况下。其中，量增价升主要有 3 种表现形式。

◆ 当银价开始上涨时，成交量则需要有一定程度配合性的增加，以推动银价稳步上涨。

◆ 当银价小幅度上升时，成交量则需要维持涨升前的状况，或者是稍微增量，来支持指数的涨升。

◆ 当银价出现大涨时，成交量则必须要有较大程度的量度值配合，否则银价就有可能因为上涨能量有限，而无力上行。

成交量配合银价相应增大，也是市场上人气聚积的具体表现。但当银价在一个相对较高的位置区域内，一旦出现量增价升时，极可能会是一个十分危险的信号。

如图 5-7 所示为现货白银在 2016 年 3 ~ 8 月的走势。银价在 2016 年

4月上旬开始进入上涨走势，成交量在上涨的过程中出现了一次放大，随后就开始萎缩。6月上旬，银价通过前期调整后又开始上涨，此时成交量再次放大，且非常明显，并在后市上涨行情中保持相对稳定的成交量，这说明银价会开启一波不错的上涨行情。

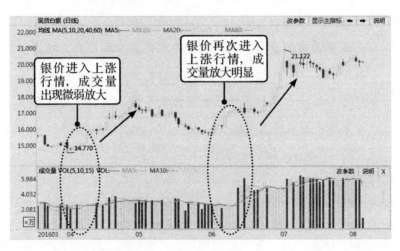

图 5-7　现货白银 2016 年 3 ~ 8 月的 K 线图

2．量增价平

量增价平是指在成交量放大的情况下，银价没有出现上涨，而是维持在一定的价位水平上下波动。其中，量增价平主要有4种表现形式。

◆ 在上涨趋势的前提下，出现量增价平现象，银价后市看好，投资者可以跟进做多。

◆ 如果量增价平现象出现在涨势末期，则可能是主力在悄悄出货，投资者应该及时卖出多仓。

◆ 下跌初中期出现量增价平现象，也有可能是主力利用价格平台出货的表现。

◆ 在银价下跌末期，突然量增价平，代表行情可能在此附近止跌做底。

如图 5-8 所示为现货白银在 2014 年 10 月～2015 年 3 月的走势。银价在 2014 年 10 月～2015 年 1 月中旬一直处于震荡走势，而成交量却在 2014 年 10～12 月下旬逐步萎缩，但在 12 月下旬至 1 月中旬却大幅放大，这就是一个比较明显的量增价平现象。此时，说明行情可能在此附近止跌做底，随后会进入到一波上涨行情中。

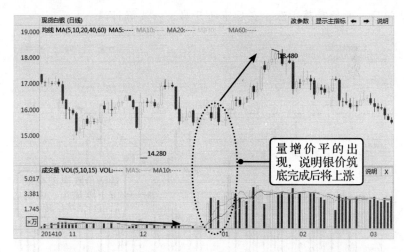

图 5-8 现货白银 2014 年 10 月～2015 年 3 月的 K 线图

3．量增价跌

量增价跌主要是指在银价下跌的情况下成交量反而增加的一种量价配合现象，量增价跌是一种典型的短线量价背离的现象。

在现货白银上涨末期，银价下跌，成交量反而上升，说明银价的下跌得到了成交量的配合，银价将持续下跌。此种情况在行情反转、熊市来临的情况下更为突出，投资者因为对后市看空，纷纷斩仓离场，甚至会出现恐慌性抛售，促使银价急剧下跌。出现量增价跌现象为卖出时机，投资者应果断斩仓出局。在现货白银下跌末期，如果银价连续下跌了很长时间之后，出现轻微续跌，成交量反而剧增，此时，则可视为银价底部渐近，是分批建仓的好时机，银价近期可望止跌企稳。

　　如图 5-9 所示为现货白银在 2015 年 6～10 月的走势。在 8 月前，银价一直处于下跌走势中。在 8 月初，银价虽然出现了小幅反弹，但反弹力度不大，后市又出现了微跌，此次微跌带动了成交量的放大。此时，可以说明银价底部快要出现，投资者可以适当做多市场。在 8 月下旬，银价触底反弹后，开始震荡上涨，在后市还开启了一波好行情。

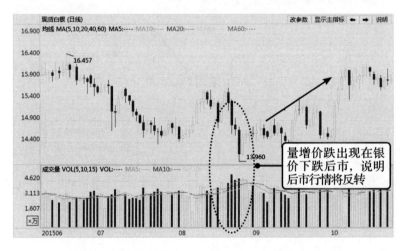

图 5-9　现货白银 2015 年 6～10 月的 K 线图

4. 量平价涨

　　价格上涨而成交量变化不大，可能是场外资金仍在观望，跟进做多的力量不大，这样的情况如出现在筑底时间较短的涨势初期，涨势极可能是昙花一现，投资者不可盲目跟进。如果量平价涨出现在银价长期筑底之后，则表明主力持仓量较重，流通筹码稀少，主力的操作目标位置相对较高，这样的银价后市很有可能会大幅上涨，投资者可以跟进做多。

　　如图 5-10 所示为现货白银在 2015 年 7～11 月的走势。在 2015 年

7～10月，银价一直处于震荡走势中。在10月初期，银价连续收出多根中阳线，使得银价持续走高。但是成交量却没有配合银价放大，而是一直维持在一定的水平。此时可能是场外投资者仍在观望，跟进做多的力量不大。由于量平价涨的现象出现在筑底时间较短的涨势初期，银价后市风险较大，投资者最好先在场外关注，切勿盲目进场做多。

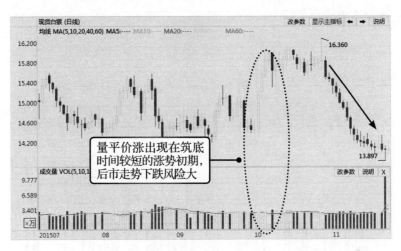

图5-10 现货白银2015年7～11月的K线图

5. 量平价跌

银价持续下跌，而成交量却没有同步有效放大，这就说明市场投资者并没有形成一致看空的效应。在这种情况下，许多主力开始逐渐退出市场。由于成交量的平稳运行状态，容易使场外的投资者产生一种侥幸心理，并以为这种现象只是主力洗盘的结果。

因此，这部分投资者大多情况下不会轻易抛出自己手中所持的仓位。而主力正是利用了投资者的这种心理，不慌不忙地开始清仓，直到自己所持的仓位不再十分沉重时，才会将余量部分一起抛出，从而加快银价的下跌幅度和速度。

　　如图 5-11 所示为现货白银在 2015 年 4 ~ 8 月的走势。在 2015 年
4 ~ 5 月中旬，银价处于震荡走高的行情中。在银价达到了阶段性高位
后开始回调，但是成交量并没有发生明显的变化，还是维持着一定的
水平运行。如果此时投资者还没有意识到主力的做空意图，而自己还
握着筹码不肯卖出，那么在后市将会面临长达 3 个月的下跌行情，损
失也会相当严重。

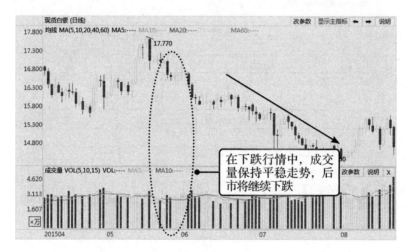

图 5-11　现货白银 2015 年 4 ~ 8 月的 K 线图

【提示注意】

当量平价跌现象发生在银价涨幅较大时，先观察是否有较大的成交量出现，
导致银价回调。如果没有，代表主力还没有完全出货，那么回调的可能性就
不会太大，一般还有再度上涨的可能，此时的卖压可以视为个人投资者在卖出；
如果出现成交量放大，那么就有可能是主力获利回吐卖压，此时投资者需要
提高警惕，在银价回调过程中卖出手中的多仓。

6. 量缩价升

　　银价出现上涨，但成交量不但没有增加反而在减少，表明银价上升没

有得到成交量的支持，银价属于空涨，很难维持长久，后市不容乐观。这种情况一般出现在牛市的末段或是熊市中的反弹阶段。投资者应该控制好自己手中的仓位，避免被高位套牢。但如果后市银价继续上涨，成交量也相应增加，则投资者可以继续做多。

如图 5-12 所示为现货白银在 2014 年 7 ~ 12 月的走势。在 2014 年 7 月，银价达到了阶段性高价，在后市开始回调整理。在这个过程中，成交量不断放大。在 10 月上旬，银价出现了短暂的反弹，但此时成交量却在萎缩。此时表明银价上升没有得到成交量的有效支持，这种上涨很难得到长时间的维系，投资者不应该积极做多，因为后市还有下跌空间。

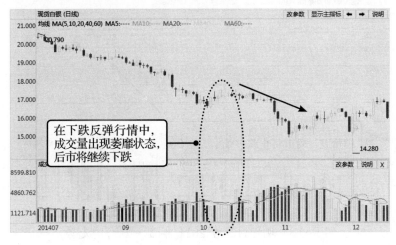

图 5-12　现货白银 2014 年 7 ~ 12 月的 K 线图

7．量缩价跌

银价出现下跌，成交量也随之减少，说明投资者集体看空的心理比较严重。其中，量缩价跌主要有 3 种表现形式。

◆　如果量缩价跌出现在银价上涨初期，属正常回调，投资者可以逢低补仓。

◆ 如果量缩价跌出现在银价下跌初期，则后市还会继续下跌。

◆ 如果银价经过长期下跌后，跌幅略减，成交量也萎缩至最低。此时买盘虽还有顾虑，但卖压也逐渐收敛，行情将止跌回稳。

如图 5-13 所示为现货白银在 2016 年 3 ~ 8 月的走势。在 2016 年 3 ~ 5 月，银价震荡走高，成交量也逐步放大。在 5 月下旬，银价开始回调整理，同时成交量也出现萎缩。该次银价的回调力度不大，没有影响到上涨的主趋势，属正常回调过程出现的量缩价跌，投资者可以逢低补仓，后市将会获得不错的收益。

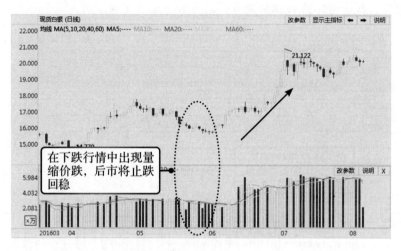

图 5-13　现货白银在 2016 年 3 ~ 8 月的走势

. PART.

形形色色
的均线

均线交叉反
映银价变化

均线排列分
析银价走势

利用移动平均线研判现货白银投资机会

在现货白银投资中，移动平均线是投资者研判现货白银
买卖点的必不可少的分析工具。要想准确地进行技术分析判
断入场与出场时机，就要求投资者对移动平均线十分了解。
那么，投资者应该如何更好地利用移动平均线呢？本章就对
其进行详细介绍。

6.1 现货白银中形形色色的均线

> 均线是反映价格运行趋势的重要指标，其运行趋势一旦形成，将在一段时间内继续保持，趋势运行所形成的高点或低点又分别具有阻挡或支撑作用，这也为投资者提供了做多与做空的有利时机。下面就来认识一些常见的移动平均线。

1．均线的定义与类型

移动平均线，简称均线或 MA，原本的意思是移动平均，由于投资者将其制作成线形，所以称为移动平均线。均线是某一段时间的收盘价之和除以该周期，如日线 MA5 指 5 天内的收盘价除以 5，如图 6-1 所示为行情软件中默认显示的均线。

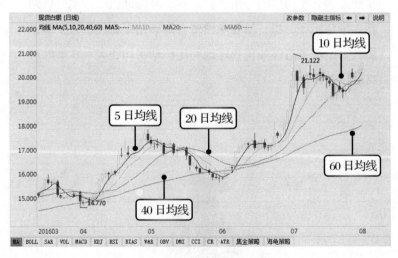

图 6-1　各种周期的均线

如果均线按时间长短均线来划分，可以分为短期移动平均线、中期移动平均线和长期移动平均线。其中，短期移动平均线有5日均线、10日均线、20日均线和30日均线等，中期移动平均线有45日均线、60日均线和90日均线等，长期移动平均线有120日均线和250日均线等。

在实际的操作中，投资者可以根据实际情况或个人爱好，对均线的日期参数进行调整，如调整为12日、16日或24日等。当然，投资者在使用各种均线指标时也需要注意一些事项，具体如下所示。

◆ **均线具有助涨和助跌作用**：均线的使用范围很广，一旦均线发出买卖信号，就会直接反映到银价的走势上。例如，银价突破某周期均线，形成看涨信号后，就会有大量投资者根据这个信号做多现货白银，从而推动银价上涨。反之，银价跌破某周期均线，也会加速银价下跌。

◆ **均线周期越短对银价走势越敏感**：简单理解就是，周期越短的均线，对银价波动的反应就越明显。例如，5日均线可以很快地反映出银价的波动，而60日均线则要缓慢很多。

◆ **均线对银价的反应也存在滞后性**：因为均线根据周期不同，可以分为很多种类型，并且每种类型对银价的敏感度都不同，所以银价的变化可能要在一段时间后才能体现在均线上，且周期越长的均线滞后性就越明显。

2. 5日均线走势分析

5日均线，也就是5个交易日收盘价的平均价，把这5日计算出的平均价连接起来就构成了5日均线。5日均线在一般的行情软件中都会默认显示，因为一周有5个交易日，所以5日均线也就是一周交易日的平均价格。因此，5日均线是短线判断的依据，只要银价不跌破5日均线，就说明银价处于很强势的状态。

在现货白银的价格走势中，5 日均线向上斜率越大，则上涨速度越快，赚钱效应越大；反之，5 日均线向下斜率越大，则下跌速度越快，亏钱效应也就越大。下面就来看看 5 日均线的具体用法。

◆ 如果银价比 5 日均线高很多，则可以认为银价偏离 5 日均线过大，往往存在回调的风险，属于上涨走势结束时机，最好做空市场。

◆ 如果银价回落，且不跌破 5 日均线，那么可再次做多市场。一般情况下，在较好的行情中，银价往往不会跌破 5 日均线或 10 日均线。只要不跌破，即可继续持仓。反之，则要适时卖出多仓，并适当做空市场。

◆ 如果银价跌破 5 日均线，且反弹无法突破 5 日均线，则需要注意逢高卖出。如果反弹突破 5 日均线且后期没有再跌破，则可以逢低做多。

5 日均线对于短线投资者进行波段操作至关重要，这些投资者一般都将 5 日均线看作攻击线。下面就通过一个例子，来对 5 日均线进行分析。

如图 6-2 所示为现货白银 2015 年 8 月 ~ 2016 年 1 月的 K 线图。从图中可以看出，5 日均线对于银价走势来说，主要起到 3 个明显的作用，分别是平台整理、助跌和助涨。

在 8 ~ 9 月中旬，银价基本处于平台整理走势，涨跌幅度都不是很明显，且成本非常集中。同时，5 日均线持续走平，银价也围绕着 5 日均线上下波动。

在 10 月 1 日，盘内收出一根小阳线。在 10 月 2 日，盘内又收出一根大阳线，该大阳线吃掉了前面的一串实体 K 线。此时，5 日均线开始拐头向上助涨，5 日均线向上是因为投资者集体看多现货白银，同时买入成本不断加大。其实，在 10 月 1 日之后，银价已经开始悄悄接近 5 日均线。经验丰富的投资者大多是看着 5 日均线进行投资的，接近 5 日均线就会买进做多，而银价 5 日均线出现乖离时就会开始卖出多仓，所以银价就沿着 5 日均线不断上涨。

在 10 月中旬，银价经过了短暂的平台整理。在 10 月 28 日，盘内收出了一根带长上影线的十字星，此时银价已经到达阶段性顶部，价格为 16.360 元。后几个交易日，5 日均线开始拐头向下助跌，而且 5 日均线角度十分陡峭，斜率极大，助跌作用也显得极为强烈。就在 12 月中旬，银价已经从阶段性高位下跌到了阶段性底部。

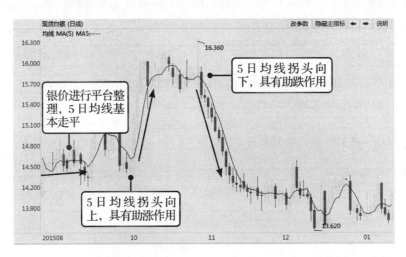

图 6-2　现货白银 2015 年 8 月～2016 年 1 月的 K 线图

3.10 日均线走势分析

10 日均线也就是常说的操盘线，其走势有向上、走平和下跌 3 种，其具体含义与 5 日均线基本类似。

在上涨走势中，银价经过先期的快速上扬之后，由于短期获利盘太大，获利回吐必然会引起银价调整，但只要银价不跌破 10 日均线且仍然在 10

日均线上运行，则说明是正常的短线强势调整，上升行情还没有结束，此时投资者还可以做多市场。

在下跌走势中，银价不断创出新低，且每次反弹的高点也在不断下移，10日均线在银价的上方以一定的速度向下运行，则表明近10个交易日买进现货白银的投资者都被套牢，在近10个交易日做空现货白银的投资者都操作正确。

同时，10日均线还是银价反弹的强阻力之一，只要下跌走势还没有结束，银价就很难再上10日均线，即便是偶尔强势突破了10日均线，也很快会回到其下面继续下跌。最后，银价下跌速度明显减缓，甚至会止跌反弹，此时10日均线的下降趋势也会有所趋缓，并有走平抬头向上的趋势。当银价有效地从下向上突破并站上10日均线时，则说明下跌走势基本结束，上涨行情也被开启，投资者此时可以放心做多市场。下面就通过一个例子，来对10日均线进行分析。

如图6-3所示为现货白银2010年12月～2011年5月的K线图。

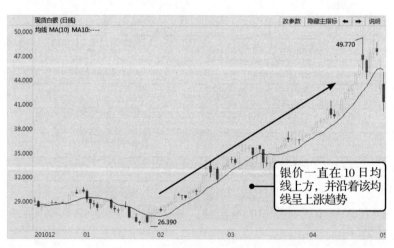

图6-3　现货白银2010年12月～2011年5月的K线图

从图6-3可以看出，在2010年12月～2011年1月下旬，银价一直处于平台整理走势，且银价也一直与 10 日均线缠绕在一起。

在 2011 年 1 月 28 日，银价收出一根大阳线，直接自下而上突破 10 日均线。且在后面几个交易日中，银价一直保持在 10 日均线上方运行，之后银价就开始沿着 10 日均线呈上涨趋势，走出了一波波澜壮阔的行情，短短 3 个月的时间，银价由阶段性低价 26.390 元上涨到了阶段性高价 49.770 元。

10 日均线与 5 日均线相比较，虽然走势比较简单，但是操作时间却长许多。投资者银价有效突破 10 日均线后入场做多，将会获得非常不错的收益。

【提示注意】

需要注意的一点是，10 日均线是现货白银波段行情的重要指标。10 日均线在上涨行情中一旦变得陡峭有力，投资者在进行临盘决策时就应该果断做多；而 10 日均线在下跌途中如果角度太大一定要有所畏惧，以及时规避风险。

4. 20 日均线走势分析

20 日均线即常说的辅助线，之所以称为辅助线，主要有以下 3 个原因。

◆ 如果没有 20 日均线，那均线系统将直接从 10 日均线跳跃到 30 日均线，这样会显得过于唐突，视觉上会感觉均线之间有些稀疏。因此，20 日均线的存在会使整个均线系统更加匀称，虽然不是特别重要，但是却不可或缺。

◆ 在实际运用中，20 日均线对以 10 日均线为依据的短线投资者提供趋势指导，这样可以使自己的眼光看得更远。在投资者精打细算于短线之际，20 日均线会给其带来大局观的指导。

◆ 20 日均线可以修正 30 日均线反应迟缓的问题，如果等到 30 日均
线拐头向下，银价波段可能已经下跌了不少，20 日均线则会提前
给投资者做出预判，以减少损失。

在现货白银投资市场中，20 日均线是短期趋势向好和向坏的一个分
水岭。银价如果在 20 日均线之上，则表明短期趋势走好，做多的机会增多；
银价如果在 20 日均线之下，则表明短期走坏，交易性的机会大大降低。
在 K 线图中，最直观的表现是银价在 20 日均线之上时，阳线明显更多一些；
反之，则阴线更多一些。下面就通过一个例子，来对 20 日均线进行分析。

如图 6-4 所示为现货白银 2015 年 10 月～2016 年 2 月的 K 线图。

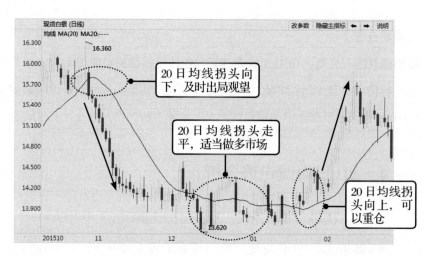

图 6-4　现货白银 2015 年 10 月～2016 年 2 月的 K 线图

从图 6-4 可以看出，20 日均线与 5 日均线或 10 日均线相比，更加迟
缓一些，而且当前的银价走势不会立即通过 20 日均线表现出来，但它却
是一条必不可少的均线。

在 2015 年 10 月中旬，银价高位震荡向下，但此时的 20 日均线却还
在向上运行。在 10 月下旬，银价收出一根中阴线，此时 20 日均线有拐头
向下的迹象，但不是特别明显。在 11 月 2 日，20 日均线已经明显拐头向下，

投资者此时需要选择做空市场。虽然前几日银价也有下跌，但此时止损离场可以避免更大的损失。从后市的走势来看，银价很长一段时间处于快速下跌走势中。

在 2015 年 12 月中旬，20 日均线的拐头开始走平时，激进的投资者此时可以适当做多市场，在后期 20 日均线完全拐头开始向上时即可加仓。

在 2016 年 1 月 22 日，20 日均线开始拐头向上，此时投资者可以立刻加仓或重仓介入，在银价后市上涨的过程中，可以获得不错的收益。

5．30 日均线走势分析

30 日均线对投资者来说非常重要，常常将其称为生命线，因为 30 日均线可以说是波段强弱的分界线，如何规避波段风险把握波段收益，都可以从 30 日均线走势中得到启示。

在实战操作中，30 日均线有着较为特殊的意义，但相对的 30 日均线的应用和把握的难度也要大一些。此时，投资者可以把握以下 30 日均线的分析技巧。

◆ 30 日均线的运行情况主要是 30 个交易日之内的银价走势，因为 30 日均线的分析目的就是通过 30 个交易日市场情况，来综合研判 10 日内与 20 日内的银价变化过程。所以用 30 日均线来分析时，投资者需要具备中线投资的思想，不能急功近利。

◆ 30 日均线的运行方向仍是市场行情研判的主要依据，同时 30 日均线也可以判断市场的中期支撑或中期压力情况，这一点对于投资者来说比较重要。

◆ 在应用 30 日均线做现货白银走势分析时，需要密切关注 10 日均线与 20 日均线的变化情况，因为 10 日均线与 20 日均线的变化最终会引起 30 日均线发生改变。

与其他均线一样，30 日均线也可用分时、周线和月线等来表示。当 30 日均线拐头向上挺拔，则波段行情看好，投资者可以大胆跟进。当 30 日均线拐头向下，则预示后市将进入下跌行情，投资者要及时减仓规避风险。下面就通过一个例子，来对 30 日均线进行分析。

如图 6-5 所示为现货白银 2011 年 12 月 ~ 2012 年 11 月的 K 线图。

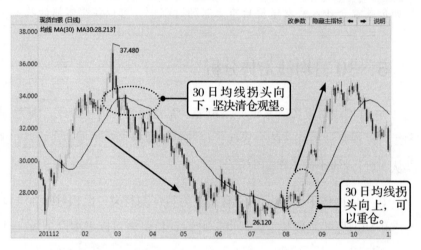

图 6-5　现货白银 2011 年 12 月 ~ 2012 年 11 月的 K 线图

从图 6-5 可以看出，在 2011 年 12 月 ~ 2012 年 2 月下旬，银价处于上涨行情中，并在 2012 年 2 月 29 日达到阶段性高位，随后银价开始进入回调走势。

在 2012 年 3 月 2 日，银价由上向下跌破 30 日均线。虽然在后面几个交易日中尝试再度突破 30 日均线，但是最终以失败告终，这直接导致 30 日均线开始拐头向下。

此时，投资者需要及时减仓观望，虽然仅以 30 日均线操作来看还是没能第一时间逃顶，但对于后市的大跌来说，在一定程度上已经避免了不少损失。从后市来看，银价直接从 2012 年 2 月 29 日的阶段性高价 37.480 元，下跌到阶段性低价 26.120 元。

　　随后银价进入了平台调整走势，在 2012 年 7 月 26 日，银价又自下而上穿破 30 日均线。虽然在后面一段时间内，银价都尝试再度跌破 30 日均线，但是最终没有成功。

　　同时，在 2012 年 8 月中旬，30 日均线一改前期的颓势，走势变得陡峭。这说明波段上涨行情已经开始，投资者应该坚决做多市场，后市银价将会走出波澜壮阔的行情。

6. 60 日均线走势分析

　　60 日均线，即通常所说的决策线。它与 30 日均线有所不同，30 日均线是银价波段强弱状态的依据，而 60 日均线则意味着银价走势的强弱。不管是哪种类型的投资者，对 60 日均线都极端重视。60 日均线一旦拐头向上，投资者就可以大胆持仓；60 日均线一旦被击破，投资者为了安全考虑，一般会选择无条件止损离场。

　　60 日均线对于投资者来说，在持仓策略上有绝对的指导意义，至少可以使自己的方向选择与银价的大体走势相同。下面就通过一个例子，来对 60 日均线进行分析。

　　如图 6-6 所示为现货白银 2016 年 1 ~ 7 月的 K 线图。从图中可以看出，在 2016 年 1 月初期，银价的 60 日均线由下跌开始走平。在 1 月 25 日，银价自下而上穿破 60 日均线，同时 60 日均线在走平后开始拐头向上，这意味着新一轮的上涨行情已经开始，投资者可以重仓进场。

　　在随后的走势中，虽然银价多次接近 60 日均线，但是都没有有效突破 60 日均线。银价也一直保持在 60 日均线上方震荡上行。根据 60 日均线的走势，在 7 月 4 日，银价达到了阶段性的高位，价格是 21.122 元。

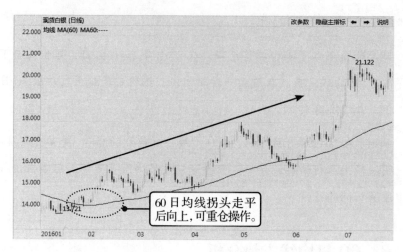

图 6-6　现货白银 2016 年 1 ～ 7 月的 K 线图

6.2 使用均线交叉反映银价变动趋势

由于银价的均线是通过不同周期计算出来的，所以在银价的运行过程中，各周期的均线很容易出现交叉现象。而投资者可以利用银价与各种均线之间的交叉情况，来分析与判断现货白银的买卖点。

1. 银价突破 10 日均线的金叉做多技巧

10 日均线代表着 10 个交易日内，投资者买入现货白银的平均持仓成本。当银价从下向上突破并站上 10 日均线时，说明当前的银价已经超过了过去 10 个交易日的平均价，下降趋势结束，上涨行情开始，是投资者非常重要的做多时机。

当银价突破 10 日均线后，会出现两个非常重要的做多买点，具体介绍如下。

◆ **银价突破 10 日均线**：当银价突破 10 日均线时，说明现货白银市场已经进入上涨行情。此时，投资者可以先适当做多市场，建立一定的现货白银仓位。

◆ **银价回调到 10 日均线获得支撑**：如果银价在突破 10 日均线后出现了回调，且回调到 10 日均线位置处时，获得了有力支撑并出现反弹，则是对之前突破的有效确认。此时，投资者可以积极做多市场。不过在实际操作中，这样的买点出现的概率相对较小。

下面就通过一个例子，来对银价突破 10 日均线形成金叉后进行分析。

如图 6-7 所示为现货白银 2016 年 3 ～ 8 月的 K 线图。

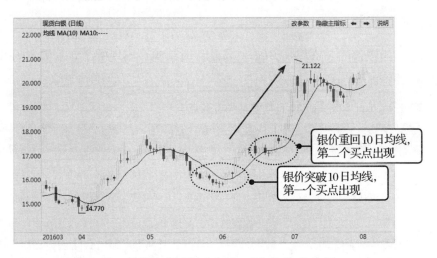

图 6-7　现货白银 2016 年 3 ～ 8 月的 K 线图

从图 6-7 可以看出，在 2016 年 3 ～ 5 月下旬，银价一直处于震荡走势中，并缠绕着 10 日均线上下运行。

在 6 月 3 日，银价收出一根中阳线。同时，当日银价自下而上突破

10 日均线，说明现货白银市场已经进入上涨行情，形成了第一个现货白银做多买点。此时，投资者可以适当做多市场。

在 6 月 21 日，银价收出一根小阴线，并自上而下跌破了 10 日均线，后两个交易日直接在 10 日均线下方运行。不过在 6 月 24 日，银价收出一根中阳线，又回到了 10 日均线上方，表明银价获得了有效的支撑。此时，盘内形成第二个现货白银做多买点，投资者可以积极做多。

2. 5 日均线突破 30 日均线的金叉做多技巧

由于 5 日均线表示 5 个交易日内银价的平均价，30 日均线表示 30 个交易日内银价的平均价，所以当 5 日均线向上突破 30 日均线时，说明现货白银市场中短期的平均价已经超过长期的平均价，这也是银价即将加速上涨的信号。

当银价的 5 日均线突破 30 日均线时，也会出现两个非常重要的做多买点，具体如表 6-1 所示。

表 6-1　5 日均线突破 30 日均线的做多买点

买点位置	详情
5 日均线突破 30 日均线加速上涨	当银价的 5 日均线突破 30 日均线时，说明此时银价正在加速上涨，投资者可以适当做多市场，建立一部分仓位
5 日均线回调到 30 日均线处获得支撑	如果银价在后市进行了回调整理，使 5 日均线再次向 30 日均线靠拢，且在下穿 30 日均线时获得支撑反弹，就是对之前的突破行情进行确认。此时，投资者可以加仓继续做多市场

下面就通过一个例子，来对 5 日均线突破 30 日均线形成金叉后进行分析。

如图 6-8 所示为现货白银 2015 年 12 月 ~ 2016 年 4 月的 K 线图。

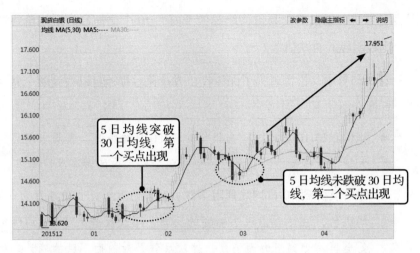

图 6-8　现货白银 2015 年 12 月 ~ 2016 年 4 月的 K 线图

从图 6-8 可以看出，在 2015 年 12 月 ~ 2016 年 1 月上旬，银价一直处于平台整理的走势。同时，银价与 5 日均线和 30 日均线也纠缠不清。

在 2016 年 1 月中旬，银价的波动越来越小，且 5 日均线也有拐头向上的趋势，30 日均线已经开始趋于平缓走势。

在 2016 年 1 月 21 日，银价低开高走，收出一根带长下影线的小阴线。同时，出现了 5 日均线自下而上突破 30 日均线形成金叉的现象。此时，银价出现了第一个做多买点。之后银价突破平台整理行情，走出了一波极速上涨的行情。

在 2016 年 3 月初期，5 日均线出现下穿 30 日均线的情况，不过最终没有有效跌破，使 5 日均线受到强支撑，又回到了 30 日均线之上。此时，盘内形成第二个现货白银做多买点，投资者可以积极做多。

3. 银价跌破 10 日均线的死叉做空技巧

由于 10 日均线代表 10 个交易日的平均价，如果银价跌破 10 日均线，则表明当前市场上的交易价格已经低于前面 10 个交易日的平均价，这是一个比较明显的看跌信号。

在该信号中，投资者为了保住收益或避免亏损，可以找到两个做空位置，具体介绍如下。

◆ **银价跌破 10 日均线**：当银价跌破 10 日均线时，表明市场已经进入到下跌行情中。此时，投资者需要将手中的多仓尽快卖出。

◆ **银价反弹到 10 日均线遇阻下跌**：一般情况下，银价在跌破 10 日均线后，往往会出现小幅度的反弹，不过反弹到 10 日均线位置处会再次受到阻力而下跌，这次反弹是对前面下跌的确认。如果没有抓住前面一个卖点，此时就必须逢高出局。

下面就通过一个例子，来对银价跌破 10 日均线形成死叉后进行分析。

如图 6-9 所示为现货白银 2014 年 6 ～ 10 月的 K 线图。

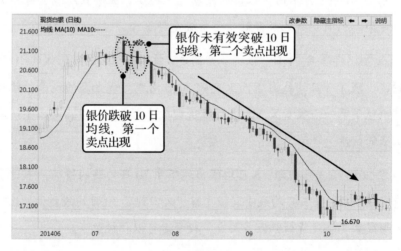

图 6-9 现货白银 2014 年 6 ～ 10 月的 K 线图

从图 6-9 可以看出，在 2014 年 6 ～ 7 月上旬，银价一直处于高速上涨的行情中，且在 7 月 10 日到达了阶段性高价 21.560 元。此时，银价也在 10 日均线上方运行。

在 7 月 14 日，银价收出一根大阴线，且该大阴线自上而下跌破 10 日均线，10 日均线也有拐头向下的迹象。此时，现货白银的第一个做空卖点出现。

随后两个交易日中，银价都在 10 日均线下方运行。在 7 月 17 日，银价收出一根大阳线，且该大阳线自下而上突破 10 日均线。在之后的几个交易日中，银价都没有有效突破 10 日均线。此时，现货白银的第二个做空卖点出现，如果在第一个卖点没有及时卖出多仓，那么此时就必须将所有多仓卖出，因为银价后市将继续走下跌行情。

4．5 日均线跌破 30 日均线的死叉做空技巧

如果 5 日均线跌破了 30 日均线，则表明现货白银市场上短期的交易成本已经低于长期的交易成本，这是银价后市将要快速下跌的信号。

在该信号中，投资者为了保住收益或避免亏损，同样也有两个做空卖点，具体介绍如下。

◆ **5 日均线跌破 30 日均线**：当银价的 5 日均线跌破 30 日均线时，说明银价的下跌速度正在加快。此时，投资者需要尽快将手中的多仓卖出。

◆ **5 日均线反弹到 30 日均线遇阻下跌**：一般情况下，在 5 日均线跌破 30 日均线后，往往会出现一些小幅反弹。如果 5 日均线反弹到 30 日均线的位置后，因为阻力再次下跌，那么这次反弹就是对前面下跌行情的一个确认。此时，如果投资者手上还是多仓，那就必须逢高卖出。

下面就通过一个例子，来对 5 日均线跌破 30 日均线形成死叉后进行分析。

如图 6-10 所示为现货白银 2015 年 4 ~ 8 月的 K 线图。

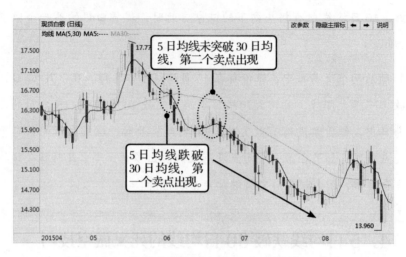

图 6-10　现货白银 2015 年 4 ~ 8 月的 K 线图

从图 6-10 可以看出，银价在前期经过一段时间的横盘，突然在几个交易日收出大阳线，使银价达到阶段性高价 17.77 元。在这期间 5 日均线震荡向上，而 30 日均线趋于平缓。

在 5 月 19 日，银价收出一根大阴线，并跌破了 5 日均线，随后银价开始回落，之后一直在 5 日均线下方运行。在 6 月 3 日，银价收出一根中阴线，且跌破了 30 日均线。同时，5 日均线也跌破了 30 日均线，形成死叉。此时，现货白银第一个做空卖点出现，之后 5 日均线也离 30 日均线越来越远。

在 6 月中旬，银价出现小幅反弹，5 日均线也开始靠近 30 日均线，但是并没有突破 30 日均线。此时，现货白银第二个做空卖点出现，投资者需要将手中的多仓全部卖出，以规避后市的风险，因为银价后市将出现长时间的下跌行情。

6.3 通过均线排列分析银价走势

> 通过均线系统分析银价运动的大趋势及趋势强弱，不仅要看均线运动的方向和角度，还要观察不同周期均线运动情况之间的关系。简单理解就是观察短期、中期和长期均线之间的排列关系，通过这种排列关系也能分析出银价的走势。

1．均线的多头排列

参数较小的短期均线在参数较大的长期均线的上方，并且均线向上发散，这种排列就是我们常说的多头排列，如 5 日均线在 10 日均线的上方，10 日均线又在 20 日均线的上方。

如果银价的均线呈现出多头排列，说明市场短期内做多，投资者的平均成本超过了长期持有多仓的平均成本。简单理解，就是短期内新进场的投资者情愿用高于长期平均成本的价格来购买现货白银。这也意味着长期持仓者已经获利，这种盈利效应将会影响没有进入的投资者，从而形成一种集体看多的氛围，预示着银价后市还将继续上涨。

投资者在利用均线的多头排列分析银价走势时，需要注意以下几个操作要点。

◆ 均线多头排列的形成可能以 5 日均线突破 10 日均线为标志，也可能是以其他各种周期的均线形成的金叉为标志。

◆ 在均线多头排列形成过程中，如果成交量持续放大，则是对多方持续强势的确认。在这种情况下，均线多头排列的看涨信号会更加可靠。

◆ 除了可以使用 5 日均线、10 日均线和 30 日均线进行分析外，投资者也可以使用其他周期的均线组合作为判断多头排列的依据。

下面就通过一个例子，来对均线的多头排列进行分析。

如图 6-11 所示为现货白银 2015 年 12 月~ 2016 年 5 月的 K 线图。

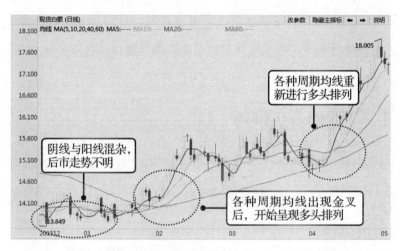

图 6-11　现货白银 2015 年 12 月~ 2016 年 5 月的 K 线图

从图 6-11 可以看出，在 2015 年 12 月~ 2016 年 1 月中旬，银价一直处于平台整理走势，且各种周期均线也相互缠绕着，比较杂乱。

在 2016 年 1 月下旬，银价陆续突破各种周期均线，同时各种周期均线开始相互形成金叉，这些金叉也促使银价开始上涨。

在 2016 年 2 月初，各种周期均线之间完成了最后的相交，并纷纷开始上扬，且相互之间的距离也逐步拉开。在 2 月中旬，各种均线之间已经根据时间周期依次排列，且多头排列明显。

在 2016 年 3 ~ 4 月，银价与各种均线之间及各种均线相互之间又缠绕在一起，但在 4 月中旬，各种均线又回到了多头排列状态，且银价也越来越高。

此时，银价出现了连续多阳的走势，虽然其中偶尔出现了阴线回调，但是基本没有影响到整体上涨的行情。

2. 均线的空头排列

参数较小的短期均线在参数较大的长期均线的下方，并且均线向下发散，这种排列就是我们常说的空头排列，如10日均线在20日均线的下方，5日均线又在10日均线的下方。

均线的空头排列形态说明市场上投资者短期的交易成本低于中期交易成本，而中期交易成本又低于长期交易成本。这时市场处于弱势行情中，并且这种弱势行情还将继续。

除了可以通过5日均线、10日均线和30日均线进行组合分析之外，也可以使用其他均线组合作为判断均线空头排列的依据。如可以通过30日均线、60日均线和120日均线之间的均线空头排列，来判断银价是否处于长期下跌行情中。下面就通过一个例子，来对均线的空头排列进行分析。

如图6-12所示为现货白银2014年6～11月的K线图。从图中可以看出，在2014年6～7月初期，银价一直处于高位横盘整理走势，阴线与阳线混杂，各种周期均线后市的走势不明，但60日均线的方向基本保持在平行趋势。

这种走势一直保持在7月下旬被打破，银价开始回落，并依次跌破各种周期均线。而各周期均线也出现下拐的迹象，且相互之间开始形成死叉。在9月初期，60日均线开始拐头向下。此时，银价开始大幅下跌。之后60日均线开始下行，各周期均线也呈现出有序的排列，长期均线在上面，短期均线在下面，呈现出空头排列形态，此后银价继续下跌。

如果投资者各种周期均线形成死叉时未能把握住做空市场的机会，那么还可以在 60 日均线开始拐头并形成均线空头排列时做空市场，同样可以获得不错的收益。

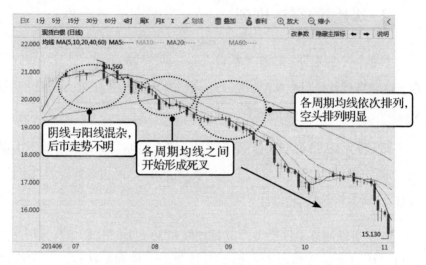

图 6-12　现货白银 2014 年 6 ～ 11 月的 K 线图

3．均线活结分析

所谓的均线活结是指 3 根均线同时在一个位置产生金叉，这是进入均线多头排列的一个标志。均线活结不是一个常见的形态，投资者一般可以根据均线活结的出现开始做多市场。如果均线活结出现在长期均线之上，则说明银价经过调整后再度进入多头强势状态，更值得投资者积极参与。下面就通过一个例子，来对均线活结进行分析。

如图 6-13 所示为现货白银 2015 年 8 ～ 11 月的 K 线图。

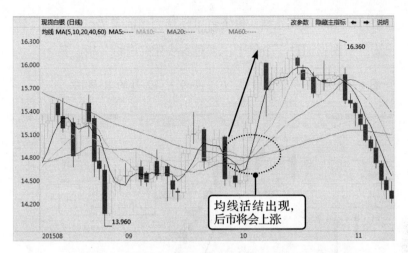

图 6-13　现货白银 2015 年 8 ～ 11 月的 K 线图

从图 6-13 可以看出，在 2015 年 8 ～ 10 月，银价一直处于横盘整理走势，阴线与阳线混杂，各种周期均线后市走势不明。

在 10 月 2 日，银价收出了一根大阳线，且包含了前面的几根 K 线。同时，默认的几种周期均线都横穿该大阳线。

在 10 月 3 日，银价跳空高开收出一根中阳线，该中阳线突破了前期高点。此时，投资者可以跟进做多，这个做多信号也是对均线进行确认。经过这根中阳线后，5 日均线与其他周期均线形成了一个活结，同时产生了金叉。这说明短期筹码大部分都是盈利的，有利于银价的推升，投资者可以积极参与。

4. 均线死结分析

均线死结与均线活结一样，也不多见。均线死结指 3 根以上的均线在同一个时点产生死叉，形成一个蝴蝶结一样的形态。均线死结说明现货白银市场已经进入空头走势，因为均线代表的是平均持仓成本，当均线产生死结，说明相当多的筹码已经进入亏损状态，自然对后市不利。因此，银价快速拉升后出现均线死结，投资者可以认为当前走势已经初步反转，需暂时出局。下面就通过一个例子，来对均线死结进行分析。

如图 6-14 所示为现货白银 2015 年 9～12 月的 K 线图。

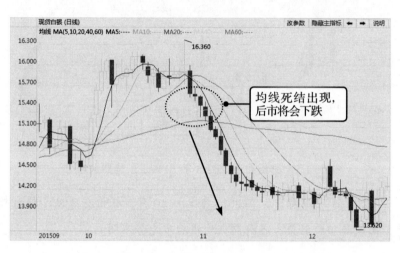

图 6-14　现货白银 2015 年 9～12 月的 K 线图

从图 6-14 可以看出，在 2015 年 9～10 月中旬，银价震荡走高。同时，在这期间阳线位于各周期线之上，各周期均线后期也属于多头发散形态。

在 10 月中旬，银价经过前期上涨后，开始在高位盘整，虽然后市银价有小幅回落，但当前不好判断是否到了见顶回落时期。

在 10 月 29 日，银价收出一根中阴线，跌势不强，但均线出现了死结，说明银价当前走势已经开始变坏，投资者需要及时离场。此后，银价几乎没有反弹，直接进入到快速下跌行情中，下跌确实几乎不可阻挡。

.PART.

初识
分时图

分时图
做多技巧

分时图
做空技巧

从分时图中找到银价当日的最佳买卖点

　　分时图是一个非常重要的量比指标，它对判断现货白银买卖点来说非常实用。表面上分时图提供了现货白银多空方向的参考和研判，实际上分时图体现了所有投资者操作的阶段性问题。总之，分时图可以为投资者提供足够多的关于最佳买卖点的信息。

7.1 初识分时图

我们都知道，现货白银在交易的过程中，其价格每时每分都在发生变化，那么如何查看现货白银在一天内的价格情况呢？此时可以通过分时图来查看，下面我们就来认识一下分时图。

1．如何看现货白银分时图

现货白银分时图是指动态实时（即时）分时走势图，其在现货白银实战研判中的地位极其重要，是即时把握多空力量转化即市场变化直接的根本所在。如图 7-1 所示为现货白银分时图的盘面信息。

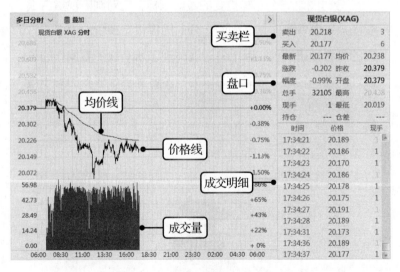

图 7-1　现货白银分时图信息

从总体上来说，现货白银分时图主要包括以下几个方面。

◆ **白色曲线**：也称为价格线，表示现货白银即时实时成交的价格，即每分钟的收盘价。

◆ **黄色曲线**：也称为均价线，表示现货白银即时成交的平均价格，即每分钟的成交总金额除以成交总数。它是根据当日开盘到当前每分钟平均的交易价格画成的曲线。此时，现货白银分时图中的横线表示上一个交易日的收盘价格。

◆ **成交量柱线**：在白黄两条曲线的下方，用来表示每分钟的实时成交量。

◆ **买卖栏**：显示了现货白银当前买入委托数量与卖出委托数量。

◆ **盘口**：包含了现货白银价格的多种数据，如量价、均价、涨跌、昨收及最高和最低价等。

◆ **成交明细**：通常在盘面的右下方，显示每笔成交价格和手数的即时动态信息，已经成交的最新几笔买卖的价格和手数。由于分时图记录的是每分钟收盘时的价格，不能完全反映出每一分钟内所有的成交信息，因此会有一定的局限性，而成交明细则可以作为辅助信息更好地弥补分时图的这个缺陷。

2. 怎样运用分时图来研判现货白银

现货白银价格全天的走势往往瞬息多变，有时上午走得很强劲，下午却突然跳水。而有时上午跌得很厉害，下午却有可能力挽狂澜。所以，如果能事先判断当日现货白银价格是收阴线还是收阳线，对于有些做 T+0 或是当日进行短线交易的投资者来说至关重要。下面就来介绍一些常用的判断方法。

■ 当银价跳空高开

跳空高开一般指现货白银当日开盘价格高于前一天收盘价格，并形成一个上行缺口的情况。如果银价开盘时出现跳空高开走势，那么可以在分时图中通过以下技巧进行交易。

（1）银价跳空高开后半个小时内一直运行在缺口上方，呈现强势上扬。如出现此种情况，当日银价判断收为阳线，可以在盘中回调时吸纳。

（2）银价跳空高开后半个小时内，先跌补完缺口后再上扬。在开盘半小时之际银价处于上涨状态的话，可以判断当日银价收阳，但准确性没有第（1）种情况高。

（3）银价跳空高开后半个小时内，一路下跌。在开盘半小时之际银价还是处于下跌状态，则应判断当日银价收阴，此时投资者需要小心操作。

■ 当银价平开

银价当日的开盘价与前一交易日收盘价持平的情况，称为开平盘或平开。如果银价开盘时出现平开走势，那么可以在分时图中通过以下技巧来进行交易。

（1）银价开盘半个小时内，一路强势上扬，则当日银价收阳。

（2）银价开盘半个小时内，一路下跌，则当日银价收阴。

（3）银价开盘半个小时内，先跌后涨；而在开盘半小时之际，银价处于上涨状态，则判断当日银价收阳。

（4）银价开盘半个小时内，先涨后跌；而在开盘半小时之际，银价处于下跌状态，则判断当日银价收阴。

■ 当银价跳空低开

跳空低开一般指现货白银当日开盘价格低于前一天收盘价格，并形成一个下行缺口的情况。如果银价开盘时出现跳空低开走势，那么可以在分时图中通过以下技巧来进行交易。

◆ 银价跳空低开后半个小时内，如果一路下跌，则判断当日银价收阴。此种情况的准确率较高，且当日容易大跌。

◆ 银价跳空高开后半个小时内，马上回补缺口一路上扬，则当日收阳的概率很高。

◆ 银价跳空高开后半个小时内，首先出现反弹，但缺口没有完全回补。在开盘半小时左右又开始下跌，则当日收阴。

◆ 银价跳空高开后半个小时内，回补完缺口后再下行，则还是判断银价收阴。

【提示注意】

另外还存在两种特殊的情况：有时开盘后半个小时内，银价波动的幅度非常小，则当日银价容易出现大涨大跌的走势，一般以大涨居多；有时开盘后半个小时内，银价波动幅度非常大，呈上蹿下跳的走势，则可以判断为当日银价围绕开盘价格大幅震荡。

7.2 现货白银交易的分时图做多技巧

现货白银分时图中的做多时机，并非每次银价拉升都有机会给投资者，因为有时候银价启动会非常疯狂，非常突然。但有时候确实也会出现一些机会，银价在趋势确立后，分时图中会给出非常好的做多时机。

1．分时图均线支撑做多分析

通常情况下，当分时图中的价格线在均价线上方运行时，价格线会不断回落，随后价格线往往会回落到均价线附近后又继续往上运行，这时可以发现均价线具有很好的支撑效果。而当价格线回落到均价线附近时，就是超级短线投资者的较佳介入时机。

因此，均线支撑就是指银价一直在均线之上却无法跌破均线。分时图均线支撑分为 3 种方式，分别是靠近式、跌破式和相交式。

■ 靠近式支撑

均线靠近式支撑是指现货白银的价格线由上向下运行到均价线附近时就反弹，下面通过一个实例来进行说明。

如图 7-2 所示为现货白银 2016 年 6 月 8 日的分时图。

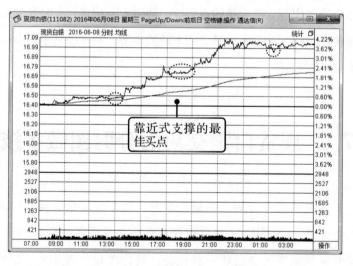

图 7-2　现货白银 2016 年 6 月 8 日的分时图

从图 7-2 可以看出，现货白银的价格只要每次向均价线靠近，就会被反弹上涨。因此，在靠近式的支撑中，均价线上的每个低点都是投资者的最佳买点。

■ 相交式支撑

均线相交式支撑是指现货白银的价格线向下运行与均价线相交的走势，下面通过一个实例来进行说明。

如图 7-3 所示为现货白银 2016 年 7 月 1 日的分时图。

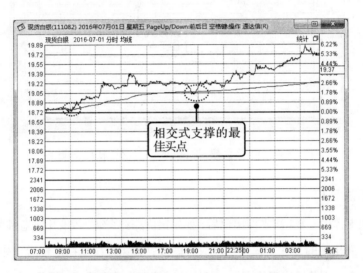

图 7-3　现货白银 2016 年 7 月 1 日的分时图

从图 7-3 可以看出，现货白银价格每次只要跌破均价线，就会再次反弹突破均价线。因此，在相交式的支撑中，价格线每次跌破均价线形成的低点，都是投资者的最佳买点。

■ 跌破式支撑

均线跌破式支撑是指现货白银价格线向下跌破均价线后，在较短时间里又被拉回均价线之上的走势，下面通过一个实例来进行说明。

如图 7-4 所示为现货白银 2016 年 7 月 21 日的分时图。

从图 7-4 可以看出，现货白银价格在第 1 次跌破均价线时，就会被快速拉高。因此，在跌破式的支撑中，价格线每次跌破均价线并在第 2 次靠近均价线时，投资者可以买入做多。

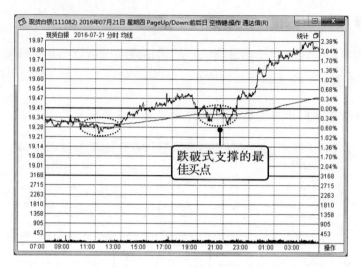

图 7-4　现货白银 2016 年 7 月 21 日的分时图

【提示注意】

在均线支撑中，第 1 次支撑出现后，如果银价涨势平缓，没有出现急涨的走势，那么后面出现的几次支撑均可以放心做多；在第 1 次支撑出现后，如果银价大幅拉高，则此后出现的支撑，都应该谨慎操作或直接放弃操作。

2．分时图向上突破平台做多分析

多数投资者在投资现货白银时，喜欢以 K 线为买卖评判标准，市场上也总结出了很多 K 线相关理论。而现在的短线投资者对分时图的研究越来越多，他们更习惯使用分时图来进行分析，利用分时图形态短线买卖现货白银成为获取交易性利润的重要手段。

其中，分时图向上突破平台买入法就是一种很常见的短线做多方法，是指现货白银价格线向上突破前面横向整理期间形成的平台的一种走势，它是一种最佳的分时追涨买入法，其主要特点如下。

◆　现货白银价格线必须在某个价位做一较长时间的横向整理，且运行的时间一般不得少于半小时。

◆ 现货白银价格线应该贴近均价线运行，且波动的幅度较小，所形
  成的高点大体也处在同一水平线上。

◆ 现货白银均价线在整理期间，基本呈现出一条水平线，无明显的
  波折。

◆ 要实现向上突破平台形态，现货白银价格线必须向上越过平台的
  最高点。

下面就通过一个实例，来对分时图向上突破平台走势进行分析。

如图 7-5 所示为现货白银 2016 年 6 月 30 日的分时图。

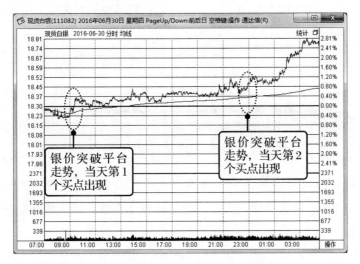

图 7-5　现货白银 2016 年 6 月 30 日的分时图

从图 7-5 可以看出，银价当天微幅低开后，就一直在 18.20 ～ 18.30
元之间震荡运行，且是贴近均价线运行。

在两个小时之后，银价向上远离均价线，并向上突破平台走势。此时，
该位置可以看作当天投资者的第 1 个买点。随后，银价又进入上一个平台
整理走势中，同时再一次贴近均价线运行。

在 23:00 时，银价再一次发力，并向上突破平台，这是当天的第 2 个买点。如果投资者在第 1 个买点做多市场，那么当天可获利 3% 左右；如果是在第 2 个买点做多市场，那么当天可获利 2% 左右。同时，在这个买点做多市场，还可以确定第 2 天的收益。

如图 7-6 所示为现货白银 2016 年 7 月 1 日的分时图。

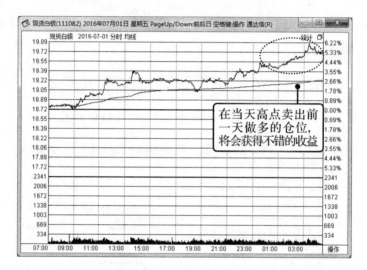

图 7-6 现货白银 2016 年 7 月 1 日的分时图

从图 7-6 可以看出，银价当天高开高走，并达到了 6.22% 的涨幅。如果投资者在当天卖出前一天买入做多的现货白银，那么将会获得非常不错的收益。

3．分时图开盘急跌做多分析

一般情况下，银价的开盘价格应该随着当前行情走势定位，较大幅度的高开、低开都是不正常的。其中，开盘急跌是指现货白银价格大幅低开或开盘以后在较短的时间内大幅下跌，它是一种较好的短线追涨买入法，主要具有以下特点。

（1）在出现开盘急跌情况时，投资者不要把急跌的最低点当作最佳买点，最佳买点应该是最低点出现后现货白银的价格开始向上抬头时的位置，因为投资者永远不会知道急跌会跌到哪个位置。

（2）在银价当天的运行中，有时会出现两次或多次低点，只要后面的低点没有跌破第1次出现的低点，投资者就可继续持仓，不过需要设置好止损点。

下面就通过一个实例，来对分时图向上突破平台走势进行分析。

如图7-7所示为现货白银2016年7月26日的分时图。

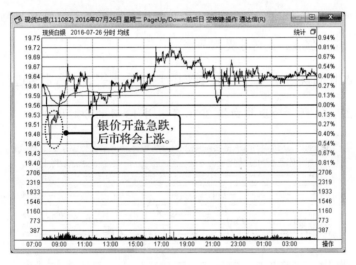

图7-7　现货白银2016年7月26日的分时图

从图7-7可以看出，银价当天高开0.4%的幅度后，就开始极速下跌。在开盘40分钟内，下跌了0.6%，上涨与下跌之间相差的幅度较大，符合开盘急跌的买入法。

追求高收益的投资者可以在急跌后，银价开始反转向上时买入；追求稳定收益的投资者可以在第2个低点时买入，因为第2次下跌是为了对开盘急跌形态进行确认，如果第2次下跌没有跌破第1次的低点，那么投资者就可以大胆买入做多。

4．分时图双平底做多分析

双平底是指现货白银价格经过一段下跌走势后，在低位出现了两个基本相同的低点，这两个低点就叫双平底，其主要具有以下特点。

◆ 双平底形态出现之前，银价的下跌幅度较大。

◆ 两底的低点应该为相同值，其中第 2 底略高于前底也可以，但绝对不能低于前底。

◆ 第 2 底出现后，现货白银价格线必须反转向上，且要超过均价线或颈位线，此时才是双平底。

下面我们就通过一个实例，来对分时图向上突破平台走势进行分析。

如图 7-8 所示为现货白银 2016 年 5 月 13 日的分时图。

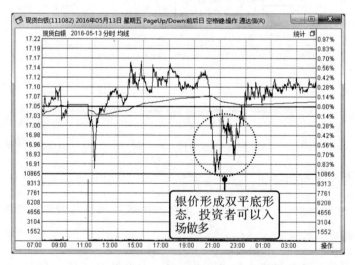

图 7-8 现货白银 2016 年 5 月 13 日的分时图

从图 7-8 可以看出，银价当天小幅低开后，就向上小幅拉升。在

11：00左右出现快速下跌走势，但很快又被拉升起来，随后就一直保持在高位震荡走势。

在20：30左右，银价又开始快速跳水，虽然此次也出现了拉升现象，但并没有前一次有力，在拉升途中又出现了打压，使银价继续回到下跌走势。回调到一定位置后，银价又被拉升起来，此时就形成了两个低点，且后一个低点高于前一个低点，这就是双平底形态。

如图7-9所示为现货白银2016年5月16日的分时图。

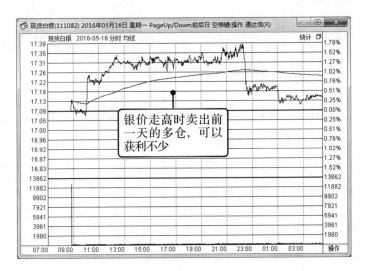

图7-9 现货白银2016年5月16日的分时图

从图7-9可以看出，如果短线投资者在前一天出现双平底形态时进场做多，那么在第2天银价走高时卖出，即可获利不少。

【提示注意】

双平底形态形成时，现货白银价格线必须始终处在均价线之下，也就是第1个底部与第2个底部之间的银价线，不能向上穿越均价线。同时，双平底形态还分为小双平底和大双平底，它们出现都表示可以做多市场。

✿ 7.3 现货白银交易的分时图做空技巧

> 短线投资者利用分时图，不仅可以分析出市场做多时机，还能把握住市场做空时机。俗话说，"投资者市场中不亏即是赚"，通过分时图可以确定做空位置，从而帮助投资者更好地规避银价下跌风险。

1．分时图均价线压制做空分析

在分时图中进行短线交易时，当现货白银价格跌破均价线时，是短线卖出的一个较好时机。因为银价失去了强有力的支撑作用，并且伴随着出现了银价上涨的压力均线。下面我们就通过一个实例，来对分时图均价线压制进行分析。

如图 7-10 所示为现货白银 2016 年 5 月 12 日的分时图。从图中可以看出，银价当天微幅低开后，出现小幅上涨，但是上涨无力，银价一直在均价线周围上下波动。

在 9:00 左右，均价线形成第 1 次均线压制，是最佳卖点；在 13:40 左右，均价线形成第 2 次均线压制，是次佳卖点。

在 21:30 左右，银价自下而上穿越均价线，此时坚决不买，而是卖出。因为银价处于均价线之下，一直没有向上有效突破均价线，即便是突破，停留的时间也很短，突破的幅度也不大。此时，均价线形成第 3 次均线压制，是最后一次卖点。短线投资者必须在此时将手中的多仓卖出，以保留手中的盈利。因为银价后期出现了快速下跌走势，幅度达到了 −2% 左右。

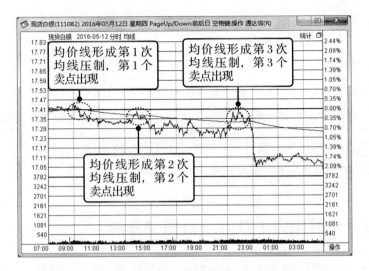

图 7-10 现货白银 2016 年 5 月 12 日的分时图

对于激进的投资者来说，在银价走势后期出现快速下跌后，又可以做多市场，以期在第 2 天可以获利。

如图 7-11 所示为现货白银 2016 年 5 月 13 日的分时图。

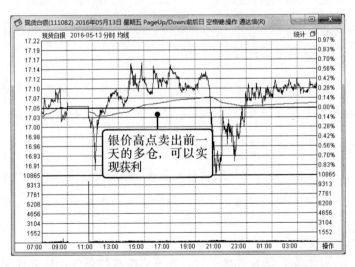

图 7-11 现货白银 2016 年 5 月 13 日的分时图

从图 7-11 可以看出，如果投资者在银价走高时卖出前一天的多仓，也可以获得不少收益。

【提示注意】

银价受到均价线的压制后，向下跌落的幅度不能小于2%。如果下跌的幅度小于2%，其后市反弹的力度就会很小。在图7-11中，银价最大跌幅达到2.1%，符合条件，所有投资者可以在快速下跌后适当做多市场。这样第2天基本会受到多头的反攻，获利的概率就变大。

2. 分时图向下跌破平台做空分析

在分时图中，跌破平台是指现货白银价格线在离均价线较近的地方进行长时间的横向整理，随后向下跌破平台的走势。这种形态需要银价在跌破均价线之前，一定要出现一段横盘走势，形成一个明显的平台。

一般情况下，银价在跌破平台的低点后，常常会在短时间内又反弹到平台的低点附近，然后再次跌破平台的低点。此时，就可确认跌破平台形态的形成，投资者需要及时卖出手中的多仓。下面我们就通过一个实例，来对分时图向下跌破平台进行分析。

如图7-12所示为现货白银2016年6月16日的分时图。从图中可以看出，银价当天微幅低开后，开始向上拉升，随后就长时间沿着均价线横盘运行，上下并无大的波动。

在22:00左右，银价向下跌破整理平台，形成最佳卖点。在22:10左右，银价短时间内又反弹到整理平台低点附近，对前期跌破整理平台形态进行回抽确认。

在23:00左右，银价再度下行，并再次跌破均价线，这是投资者最后的卖点，之后银价就呈现出跌势。

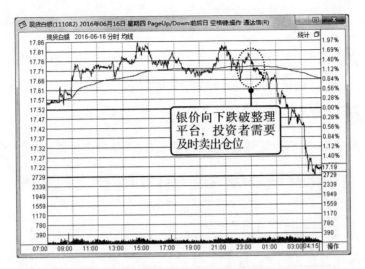

图 7-12 现货白银 2016 年 6 月 16 日的分时图

投资者在利用分时图向下跌破平台形态分析当日现货白银卖点时，需要注意以下几点事项。

◆ 投资者需要把握银价跌破平台时的卖出时机，最好在第 1 次跌破平台时就卖出。第 2 次跌破时需要坚决卖出，因为跌幅较大。

◆ 在银价跌破平台后出现反弹时，坚决不可买进。

◆ 投资者应该考虑跌破平台的位置，如果平台在低位，则不应该卖出；反而应该在破位时买入，然后在第 2 天选择一个高点卖出。

3．分时图开盘急涨做空技巧

开盘急涨与开盘急跌恰好相反，是指现货白银价格大幅高开或开盘以后在较短的时间内大幅拉升，此时投资者需要及时卖出仓位。其中，开盘急涨主要分为 3 种情况，具体介绍如下。

◆ **先跌后涨**：是指开盘后银价下跌一段时间，然后再向上急涨。

◆ **开后急涨**：是指一开盘银价就向上急涨。

◆ **盘后急涨**：是指开盘后银价横盘整理一段时间，才开始向上急涨。

开盘急涨形态需要银价的上涨过程在短时间内完成，且基本呈垂直上升状态。同时，现货白银价格线与均价线的距离拉得较远。下面我们就通过一个实例来对分时图开盘急涨进行分析。

如图 7-13 所示为现货白银 2016 年 5 月 23 日的分时图。

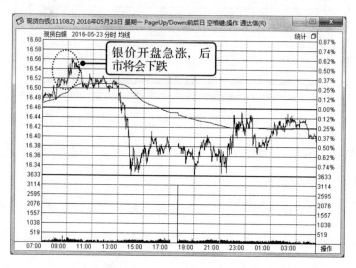

图 7-13　现货白银 2016 年 5 月 23 日的分时图

从图 7-13 可以看出，银价当天微幅高开后，进行了短时间的震荡走势。在 8:00 左右，银价开始发力拉升，此时第 1 个卖点出现。

在 9:20 左右，银价又开始快速回调，最后回到一个平台中进行整理，且价格线也与均价线缠绕在一起。

在 13:00 左右，银价跌破整理平台，也跌破了均价线，此时第 2 个卖点出现，投资者需要及时卖出手中的多仓，以有效避免银价后期急剧下跌带来的风险。

投资者在利用分时图开盘急涨形态分析当日现货白银卖点时，需要注意以下几点事项。

◆ 投资者需要掌握快进快出的操作原理，一般当天开盘出现急涨，那么就会伴随着急跌，涨得越高，下跌就越有力。在高位卖出，然后在低位买进，第 2 天寻找高点卖出。

◆ 进行上面的操作时，还需要注意观察每日的 K 线图。只有银价所处位置不高时，才能进行高位放空、低位接回的操作。

◆ 开盘急涨形态的上涨幅度一般不能太低，因为升幅越大，后市获利的机会就更加容易。

4．分时图双平顶做空技巧

双平顶是指现货白银价格经过一段时间上涨走势后，在高位出现了两个基本相同的高点，这两个高点就叫双平顶。

双平顶形态在形成时，起涨点到顶部高点要有较大的涨幅，而且形成双平顶的现货白银价格线应该在均价线之上。下面我们就通过一个实例，来对分时图双平顶进行分析。

如图 7-14 所示为现货白银 2016 年 7 月 22 日的分时图。

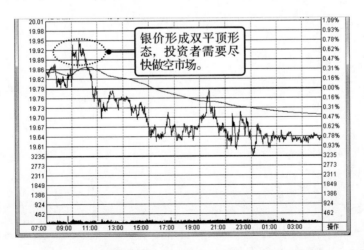

图 7-14　现货白银 2016 年 7 月 22 日的分时图

从图 7-14 可以看出，银价走出了一个标准的双平顶形态。银价当天微幅高开后，进行了短时间的震荡上涨走势，随后银价回落到一个固定的位置，并跌破了均价线，又开始震荡走势。

在 9:00 左右，银价开始发力拉升，并在高点开始回落。此时，现货白银的第 1 个卖点已经出现，投资者需要卖出手中的多仓。如果认为后市还有上涨的可能，则可以在第 2 个高点出现之后的反弹点卖出，因为此时是对双平顶进行确认。

不过，千万不要在双平顶确认完成并进入下跌走势中，还对后市抱有幻想，因为随之而来的是快速下跌。

投资者在利用分时图双平顶形态分析当日现货白银卖点时，需要注意以下几点事项。

（1）形成双平顶形态时，当日的银价上涨幅度不能太小，因为上涨幅度越大，有效性越大。

（2）双平顶形态的最佳做空点，为第 2 个高点后的下一个反弹点。

（3）双平顶形态只有出现在高位或波段的顶部时，才可放心做空。

.08
. PART.

簡単認識
趋势线

多种类型
的轨道线

黄金分割线
应用技巧

重视现货白银价格运行中的支撑与压力

在 K 线图中，可以使用各种直线将银价的运行轨迹连接起来，如趋势线、轨道线及黄金分割线。此时，从这些直线中可以发现银价的运行是有规律可循的，投资者可以通过这些运行规律判断出银价在运行中的主要支撑位与压力位，从而进一步分析出现货白银的买卖点。

8.1 简单认识趋势线

趋势的概念主要是指银价运行的方向，它是银价波动有序性特征的体现，也是银价随机波动偏向性特征的主要表现。投资者可以通过银价的趋势绘制出趋势线，趋势线是现货白银技术分析中最根本、最核心的因素。在实战投资中，最重要的投资原则就是顺势而为，即顺从银价趋势线的运行方向而展开操作。

1. 趋势线的概念与类型

趋势线是银价走势分析最基本的技巧，它是在银价走势上每一个波浪顶部最高点间或最低点间的直切线。趋势线对银价的走势主要起到两种作用，具体介绍如下。

◆ 趋势线可以对银价后市的波动起到一定约束作用，这种约束作用实质上主要体现为投资者的心理暗示作用。例如，当银价跌至某条主要趋势线时，投资者暂时不再卖出，看趋势线的支撑力度如何再作决定，而场外投资者则认为是一个买入的时机，一旦买方力量大于卖方力量，投资者的心理集合产生的实际买盘力量使银价随之回升。反之，当银价跌破某条主要趋势线时，投资者认为银价还会再跌，便纷纷卖出，最终使银价加速下跌。

◆ 趋势线被突破后，就说明银价波动的下一步趋势将要出现逆向运动，越重要越有效的趋势线被突破，其转势的信号越强烈。

一般情况下，趋势线可以分为 3 种，分别是水平趋势线、上升趋势线和下降趋势线。

当银价水平运动时，此时的趋势线为两条水平趋势线，称为压力线和支撑线，也被称为水平趋势线，如图 8-1 所示。

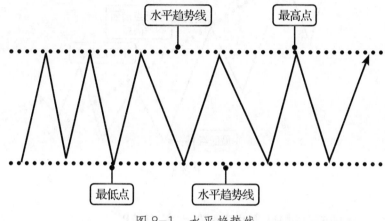

图 8-1　水平趋势线

在上升趋势中，连接两个或者多个重要的低点，就可以得到这轮上升趋势的上升趋势线，如图 8-2 所示。

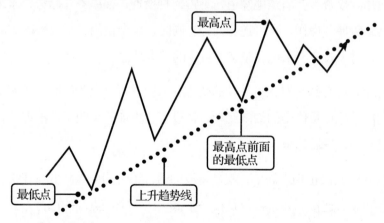

图 8-2　上升趋势线

在下降趋势中，连接两个或者多个重要的高点，就可以得到这轮下降趋势的下降趋势线，如图 8-3 所示。

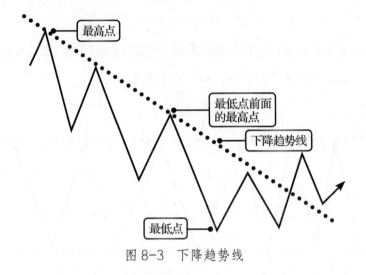

图 8-3　下降趋势线

2．如何绘制现货白银价格趋势线

俗话说"一把尺子走天下"，而在现货白银投资市场中，指的就是趋势线的运用。投资者要清楚地知道，不管何种投资，都离不开趋势，永远需要顺着趋势展开操作，不可逆势而为。同时，学会使用趋势线来确定趋势的方向，对于投资者来说，是必不可少的基本功之一。

实际上，趋势线是对银价波动的轨迹和方向进行化繁为简的一种实用方法，它能过滤掉银价中的细微波动，使投资者更加简单明了地把握住银价的波动方向与发展趋势。

趋势线的画法也相当简单，就是将波动运行银价的低点和低点连接，或者高点和高点连接。如果银价是按一个低点比一个低点高的运行方式运行，那么画出来的趋势线就是上升趋势线，即支撑线；如银价是按一个高点比一个高点低的方式运行，那么画出来的趋势线就是下降趋势线，即压力线；如果银价的低点和高点横向延伸，无法确定是上升趋势还是下降趋势，则就是水平趋势，即横盘整理或箱形整理。

在画趋势线时，没有规定时间长短。因为趋势根据时间的长短，可以划分为长期趋势、中期趋势和短期趋势。一般情况下，一个长期趋势由若干个中期趋势组成，而一个中期趋势有可能由若干个短期趋势组成。下面就通过一个例子，来介绍银价绘制趋势线的方法。

Step01　启动集金号行情软件，进入到现货白银价格K线图页面中，简单观察一个时期内的银价走势，找到比较明显的高点或低点，单击页面上方的"划线"按钮，就可以为其绘制趋势线。

Step02　在打开的"画线工具"对话框中可以看到多种画线工具，投资者可以根据实际需要进行选择，这里直接单击"直线"按钮。

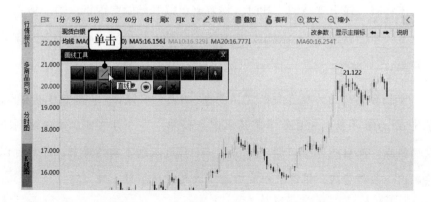

Step03 将鼠标光标移动到 K 线图中，在需要绘制趋势线的区域最低点按住鼠标左键，并拖动鼠标将直线连接到另一个最高点前面的低点处，即可绘制出一条上升趋势线。

3. 银价突破下降趋势线买入时机

在下跌行情中，银价起初一直受到下降趋势线的打压，而沿着趋势线下行，如果银价突破了该下降趋势线，则预示着银价已经从此前的下降趋势开始反转为上升趋势，这是一个比较积极的看涨做多买入信号。

简单理解，就是银价突破了下降趋势线，说明银价已经开始转强，银价后市将有一轮上涨行情。此时，投资者可以开始做多现货白银，建立部分仓位。下面就通过一个例子，来对银价突破下降趋势线后的做多操作进行介绍。

如图 8-4 所示为现货白银 2016 年 3 ~ 8 月的 K 线图。从图中可以看出，银价在 2016 年 3 ~ 8 月处于震荡上涨行情中。在 5 月 2 日，银价达到阶段性高点，此后就开始回调。并在 5 ~ 6 月进入到下跌趋势中，然后可以绘制出一条趋势线，银价就一直沿着下降趋势线下行。

在 6 月 3 日，银价收出一根中阳线，该阳线直接靠近下降趋势线。在后面的几个交易日中突破了该下降趋势线，这就预示着银价已经从前面的下降趋势，开始反转为一轮上升趋势。此时，现货白银做多的买点出现，投资者可以入场做多市场。此后，银价形成一波上涨行情。

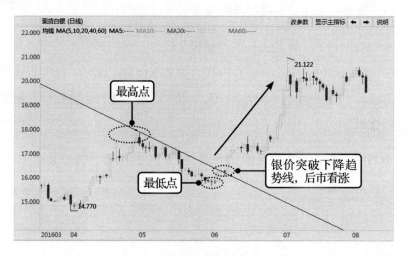

图 8-4　银价突破下降趋势线做多分析

投资者在利用银价突破下降趋势线做多现货白银时，需要注意以下几个重要事项。

◆ 如果只是短期的下降趋势线被银价突破后，其所发出的做多信号只具有短期含义。

◆ 如果是中长期下降趋势线被银价突破后，其所发出的做多信号具有中长期含义。

◆ 如果银价突破下降趋势线的当天，伴随着成交量的放大，或出现向上跳空缺口，又或者当天的走势非常强劲，那么突破下降趋势线成功率就变得很大。

4. 银价回落至上升趋势线处买入时机

在上涨行情中，银价前期上涨了一段时期，如果在回调整理过程中回调至上升趋势线位置，则说明银价的回调阶段即将结束，将重新回到上涨行情中，这是一个比较积极的看涨做多买入信号。

在银价回落到上升趋势线处并获得支撑时，说明银价还处在上升走势中；在银价回升时，说明银价将再次开始上涨行情。此时，投资者还可以做多市场。下面就通过一个例子，来对银价回落至上升趋势线后的做多操作进行介绍。

如图 8-5 所示为现货白银 2015 年 12 月 ～ 2016 年 7 月的 K 线图。

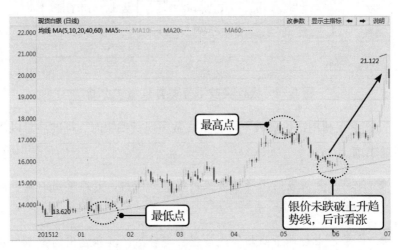

图 8-5　银价回落至上升趋势线处做多分析

从图 8-5 可以看出，银价在 2015 年 12 月 ～ 2016 年 1 月一直处于底部震荡行情中。此后，银价就开始突破横盘整理。

在 2016 年 1 月中旬 ～ 4 月，银价进入到上涨行情中，然后可以绘制出一条趋势线，银价就一直沿着上升趋势线上涨。

在 6 月初，银价因为前期的上涨，出现了一个月的回调整理。银价在下跌的过程中，不断地靠近上涨趋势线。不过最终并没有有效地跌破上涨趋势线，而是获得了强有力的支撑，使银价又反弹向上。此时，现货白银做多的买点出现，投资者可以入场做多市场，后市将形成一波有力的上涨行情。

5．银价跌破上升趋势线卖出时机

银价在 K 线图中形成了上升趋势后，就会在上升趋势线上方震荡上行。当银价开始跌破此上升趋势线时，则意味着此前的上升趋势基本已经结束，投资者需要及时卖出自己手中的仓位。

当银价跌破上升趋势线时，则说明空方的力量增强，银价打破了此前的上升趋势，银价后市将会出现一轮下跌行情，所以投资者为了规避风险需要卖出多仓。下面就通过一个例子，来对银价跌破上升趋势线后的做多操作进行介绍。

如图 8-6 所示为现货白银 2015 年 1 月 ~ 2015 年 9 月的 K 线图。

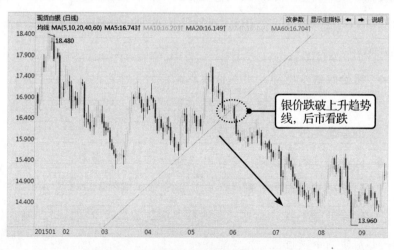

图 8-6　银价跌破上升趋势线做空分析

从图 8-6 可以看出，银价经过前期的下跌之后，从 2015 年 5 月开始，银价开始震荡上涨，可以将其上涨走势通过一条直线连接起来，即形成一条上升趋势线。

在 5 月中旬，银价开始出现下跌走势，并在 6 月初期跌破了此前的上升趋势线。此时，投资者应该卖出手中的仓位。

从后市的走势来看，银价一路下跌，并达到了阶段性低价 13.960 元。如果投资者在银价跌破上升趋势线时就卖出多仓，那么后市的风险将会得到很好的回避。

6．银价跌破并回抽支撑线卖出时机

银价在运行过程中，如果多次回落在同一水平位置时受到比较有力的支撑反弹，将该位置的多个支撑点相连，可以绘制出一条支撑线。

当银价跌破支撑线后，此时的支撑线就会转变为压力线。当银价向压力线反弹靠拢，并且在压力线位置受阻后重新回落，则说明此次跌破得到了有效确认，这就形成了看跌卖出的信号。此时，会有两个卖出信号形成，具体介绍如下。

◆ **银价跌破支撑线**：当银价跌破此前的支撑线时，说明空方力量得到增强，银价后市将会继续下跌。此时，投资者需要尽快将手中的多仓卖出，以规避风险。

◆ **回抽确认有效跌破**：当银价跌破支撑线后，很快就会出现反弹，但反弹至前期的支撑线处时又会受到压制（支撑线转变为压力线）重新开始下跌。此时，说明前期的跌破属于有效跌破，确认银价后市的下跌行情。

下面就通过一个例子，来对银价跌破并回抽支撑线后的做多操作进行详细介绍。

如图 8-7 所示为现货白银 2014 年 10 月～2015 年 9 月的 K 线图。

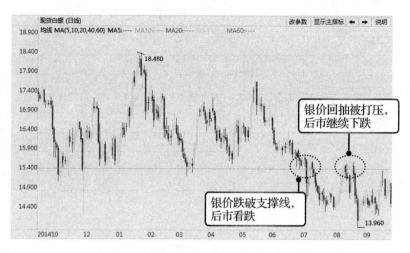

图 8-7　银价跌破并回抽支撑线做空分析

从图 8-7 可以看出，在 2014 年 10 月～2015 年 6 月，银价一直处于震荡平台走势中。同时，银价每次震荡的低点基本都维持在同一水平线上，此时可以绘制一条水平支撑线。

在 7 月初，银价收出一根大阴线，直接跌破此前的支撑线。此时，现货白银的第 1 个卖点出现。

在 8 月中旬，银价出现了反弹迹象，但由于原来的支撑线转变为了压力线，因此，银价在压力线处遇阻，此前的跌破也得到了回抽确认，现货白银的第 2 个卖点出现。

如图 8-8 所示为现货白银 2015 年 5 月～2016 年 11 月的 K 线图。从图中可以看出，虽然在 2015 年 10～11 月，银价再次出现了反弹迹象，但是在突破压力线后并没有得到有效支撑，随后再次回到下跌行情中，且银价后市加速下跌。

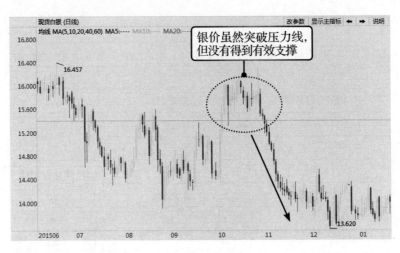

图 8-8　银价跌破上升趋势线后市分析

🌀 8.2 多种类型的轨道线

　　轨道线，又称通道线或管道线，是基于趋势线的一种方法。在已经得到了趋势线后，通过第一个峰和谷可以作出这条趋势线的平行线，这条平行线就是轨道线。

1．轨道线与趋势线的区别与联系

　　虽然现货白银价格的运行趋势非常复杂，但基本还是有规律可循的，轨道线就是反映这种规律的重要手段。

　　轨道线是趋势线概念的延伸，当银价沿着趋势线上涨到某个价位时，会遇到阻力，回落至某个价格位置又获得支撑，轨道线就在高点的延长线及低点的延长线之间上下运行。当轨线确立后，银价就非常容易找出高低

价位所在，投资者可以依此判断来对现货白银进行操作。如图 8-9 所示为
轨道线示意图。

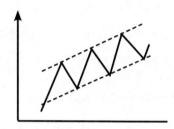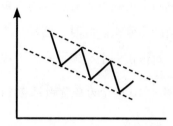

图 8-9　轨道线示意图

既然轨道线是在趋势线的基础上进行分析，那么它与趋势线又有何种
区别与联系呢？下面进行具体介绍。

◆ **轨道线与趋势线的区别**：轨道线与趋势线不同，对轨道线的突破
并不是趋势反向的开始，而是趋势加速的开始，即原来趋势线的
斜率将会增加，趋势线的方向也会更加陡峭。同时，趋势线可以
独立存在，但是轨道线则不能。

◆ **轨道线与趋势线的联系**：轨道线是由趋势线发展而来，所以是先
有趋势线，再有轨道线，这也就说明趋势线比轨道线更重要。同
时，轨道线与趋势线一样，都是时间越长，银价后市的走势
越明朗。

2．银价向上突破下降轨道线是买入时机

下降趋势线是由下降趋势的两个峰顶连成的直线，当这条下降趋势线
确定以后，再将组成下降趋势线的两个峰顶旁边的谷底用一条直线连接，
且该直线要与下降趋势线平行。该平行直线与下降趋势线就组成了下降轨
道线，它们之间的范围就称为下降通道。其中，下降趋势线称为下降轨道
线的上轨线，与下降趋势线平行的直线称为下降轨道线的下轨线。

一般情况下，当银价处于下跌过程中，跌至下降轨道线的下轨时便会产生支撑，进而出现反弹，反弹至下降轨道线的上轨时又会遇阻回落。当银价放量向上突破下降轨道线的上轨时，则说明银价的下跌行情已经结束，上涨行情即将到来。此时，便是一个非常重要的做多时机。下面就通过一个例子来对银价向上突破下降轨道线后的操作进行分析。

如图 8-10 所示为现货白银 2014 年 ~ 2016 年的 K 线图。

图 8-10　现货白银 2014 ~ 2016 年的 K 线图

从图 8-10 可以看出，在 2014 年银价达到阶段性高价后，就开始回调整理，后期走势也进入到快速下跌行情中。

在 2014 年下旬，银价走势开始变缓并出现了反弹走势，不过反弹力度并不大。在 2015 年初期，银价开始震荡下行。此时，可以将银价下跌走势中的两个高点用直线连接，即下降趋势线。然后将高点对应的低点用一条平行于下降趋势线的直线连接，这就形成了下降轨道线。

在 2016 年初期，银价触底反弹，并在同年中旬，银价有效突破了下降轨道线的上轨线。此时，投资者可以积极入场做多，后期多方把控市场，银价走出了一波非常不错的上涨行情。

投资者想要利用银价向上突破下降轨道线的形态在市场中获益，主要应注意以下几点。

◆ 下降轨道线其实就是下降趋势线的延长与补充，不过在实际操作中，下降轨道线更加实用与可靠。

◆ 银价在向上突破下降轨道线时，需要伴随着成交量的放大。否则，银价突破下降轨道线的可靠性就降低，后市也很有可能发力上涨。

◆ 对于短线投资者来说，当银价在下降轨道线中下跌到下轨线处并获得有效支撑，则为一个很好的做多时机。

◆ 下降轨道线分为大轨道线和小轨道线，银价突破大轨道线后要比突破小轨道线后的走势更加强势。

3. 银价向下跌破上升轨道线是卖出时机

在上升趋势中，有时候银价前期的上涨会沿着一定的上升通道进行，即在上升轨道线的下轨线处形成明显的支撑，在上轨道线处又遇阻回落。但到了一定阶段后，投资者开始获利出局，银价就会放量向下跌破上升轨道线的下轨支撑，最终出现加速下跌走势，短时间内出现较大跌破，投资者需要及时离场规避风险。

因此，在上升趋势中，当银价放量跌破上升轨道线的下轨线时，则是短线卖出时机。下面就通过一个例子，来对银价向下跌破上升轨道线后的操作进行分析。

如图8-11所示为现货白银2015年1~9月的K线图。从图中可以看出，在2015年1月，银价上涨到阶段性高价后就开始回调整理。

在3月中旬，银价经历了前期的下跌走势后，开始出现反弹，不过反弹的力度不大。在3月下旬，银价遇阻回落，不过此次回落的低点高于前次的低点，开始反弹。同样，此时反弹的高点也比前一次要高。

此时，将两个高点用直线连接起来，就形成了一条上升趋势线。然后将两个低点也用一条直线连接起来，发现该直线与上升趋势线平行，这两条线即形成了上升轨道线。

在6月初期，银价在下跌过程中跌破了上升轨道线的下轨线。此时，投资者需要及时卖出手中的多仓，因为银价后市将继续进入到下跌走势中，且下跌速度更快。

图 8-11　现货白银 2015 年 1～9 月的 K 线图

投资者想要利用银价向下跌破上升轨道线的形态在市场中获益，则主要应注意以下几点。

（1）银价向下跌破上升轨道线的下轨线时，投资者需要注意成交量的变化。如果在银价跌破上升轨道线的下轨线时，伴随着成交量的放大，则可视为有效跌破，应该及时做空市场，银价后市将会出现较大幅度的跌破。反之，则视为假跌破，后市可能还会继续上涨。

（2）银价向下跌破上升轨道线的下轨线，是银价上升趋势末期或是加速初期的信号，投资者需要特别注意。

（3）银价向下跌破上升轨道线的下轨线时卖出，如果银价很快又回到了下轨线之内不应该再做多，虽然跌破后偶尔会出现反弹，但后市还是会继续下跌走势。

（4）在上升轨道线中，银价每次回落在下轨线获得支撑时，投资者都可以进行短线操作。

8.3 黄金分割线应用技巧

在现货白银市场中，黄金分割线是最常见的切线分析工具。在实际操作过程中，黄金分割线主要用来分析上涨行情中的回调支撑位或下跌行情中的反弹压力位。不过，黄金分割线主要是对固定区域进行分析，所以它所分析出的支撑位与压力位也较为固定。为了更好地利用黄金分割线的优势，投资者需要灵活地调整它的位置。

1. 黄金分割线的概述与计算方法

黄金分割线是一种古老的数学方法，它的创始人是古希腊的毕达哥拉斯。毕达哥拉斯在当时十分有限的科学条件下大胆断言，把一条线段分为两部分，使其中一部分对于全部的比率，等于另一部分对于该部分的比率，按照这个算法得出的比率大约是 0.618（0.618/1=0.382/0.618）。

后来，这一神奇的比例关系被古希腊著名哲学家、美学家柏拉图誉为"黄金分割律"。黄金分割线的神奇和魔力，让它屡屡在实际中发挥着意想不到的作用。

黄金分割线最基本的公式是将 1 分割为 0.618 和 0.382，它们有如下一些特点。

（1）数列中任一数字都是由前两个数字之和构成。

（2）前一数字与后一数字之比例，趋近于固定常数，即 0.618。

（3）后一数字与前一数字之比例，趋近于固定常数，即 1.618。

（4）1.618 与 0.618 互为倒数，其乘积则约等于 1。

（5）任一数字如果与前面第 2 个数字相比，其值趋近于 2.618；如果与后面第 2 个数字相比，其值则趋近于 0.382。

由此看来，上面列举的奇特数字组合除了可以反映出黄金分割线的两个基本比值（0.618 和 0.382）外，还可以推算出后面两组数据。现列示如下。

（1）0.191、0.382、0.5、0.618、0.809

（2）1、1.382、1.5、1.618、2、2.382、2.618

在现货白银价格走势预测中，根据上面两组黄金分割比例数据可以有两种黄金分割的分析方法。

◆ **第 1 种方法**：以银价近期走势中重要的峰顶或谷底，以重要的高点或低点为计算测量未来走势的基础。当银价上涨时，以底位银价为基数，跌幅在达到某一黄金分割比例时较可能受到支撑。当行情接近尾声，银价发生急涨或急跌后，其涨跌幅达到某一重要黄金分割比例时，则可能发生转势。

◆ **第 2 种方法**：行情发生转势后，无论是止跌转升的反转，还是止升转跌的反转，以近期走势中重要的高位和低位之间的涨幅作为计量的基数，将原涨跌幅按 0.191、0.382、0.5、0.618、0.809 分割为 5 个黄金点。银价在反转后的走势将有可能在这些黄金点上遇到暂时的阻力或支撑。

黄金分割线最先应用在股市中，后被广泛应用到各种投资市场中。现在现货白银市场中，黄金分割线也是最受投资者欢迎的一种分析工具。下面我们就通过一个例子来对其使用方法进行说明。

在下跌行情结束前，现货白银的最低价格是 10 元。那么，银价反转上涨时，投资者可以预先计算出各种不同位置的压力位，其具体计算过程如下。

$10 \times (1+19.1\%) = 11.9$（元）

$10 \times (1+38.2\%) = 13.8$（元）

$10 \times (1+61.8\%) = 16.2$（元）

$10 \times (1+80.9\%) = 18.1$（元）

$10 \times (1+100\%) = 20$（元）

$10+ (1+119.1\%) = 21.9$（元）

当银价上涨的压力位计算出来后，投资者就可以根据其上涨到的位置，对自己的仓位进行调整，从而规避风险。

反之，在上涨行情结束前，现货白银的最高价为 30 元。那么，当银价反转下跌时，投资者也可以计算出各种不同位置的支撑位，其具体计算过程如下。

$30 \times (1-19.1\%) = 24.3$（元）

$30 \times (1-38.2\%) = 18.5$（元）

$30 \times (1-61.8\%) = 11.5$（元）

$30 \times (1-80.9\%) = 5.7$（元）

与下跌行情中一样，当银价下跌的支撑位计算出来后，投资者就可以根据其下跌到的位置，对自己的仓位进行调整，避免错失盈利机会。

2. 如何在行情软件中使用黄金分割线

如今，随着现货白银投资的兴盛，许多投资者将黄金分割率应用到现货白银行情分析方面。这些投资者经过长期的观察发现，每当银价上涨幅度达到 0.382 或 0.618 附近时，就会产生明显的阻力，使得银价回落。反之，当银价下跌时，其下跌幅度达到 0.382 或 0.618 附近时，就会产生明显的支撑，从而使银价出现反弹。

在黄金分割数字中，除了 0.382 和 0.618 之外，1.382 和 1.618 也是特别重要的，现货白银价格极为容易在由这 4 个数字产生的黄金分割线处产生压力和支撑。

几乎所有现货白银行情软件的画图工具中，都为投资者提供了黄金分割线功能。投资者首先需要找出前一阶段银价运行的高点与低点，然后再将其作为黄金分割线的起点和终点，就可以通过黄金分割线功能的下拉或上拉绘制出黄金分割线。下面就通过一个例子，来对黄金分割线确定买卖点进行分析。

如图 8-12 所示为现货白银 2015 年 8 月 ~ 2016 年 7 月的 K 线图。从图中可以看出，在 2015 年 8 ~ 10 月，银价一直处于平台震荡走势中。在 2015 年 10 ~ 12 月，银价开始快速下跌，并达到了阶段性低价。在 2016 年 3 月初，银价达到了阶段性高位。

以这一组低点与高点为基础，可以绘制出一组黄金分割线。通过银价后市的走势可以看出，这组黄金分割线多次成为银价下跌时的支撑位与银价上涨时的压力位。

在 2016 年 1 月中旬与 2016 年 6 月初，银价分别在 0.236 和 0.809 位置的两条黄金分割线上获得支撑反弹。在 2016 年 1 月初、2016 年 4 月初，银价上涨到 0.382 和 1 位置处遇阻力回调。

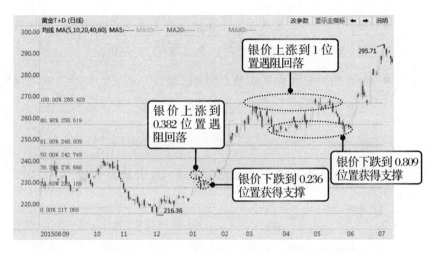

图 8-12　现货白银 2015 年 8 月 ~ 2016 年 7 月的 K 线图

3. 从回调幅度判断银价下跌走势

利用黄金分割线，可以依据银价向下回调的幅度来判断行情的性质和银价未来的运行趋势。

一般情况下，一轮真正的上升行情中，常常会伴随着几次较大级别的回调整理过程，这种回调整理的第 1 个目标位置，一般是前段上升行情高度的 0.382 位置线附近，第 2 个和第 3 个目标位置则是前段上升行情高度的 0.5 位置线和 0.618 位置线附近，其主要情况有以下几种。

◆ 如果银价回调到 0.382 位置线上方或附近时，就又重新回到上涨趋势中，则表明银价的强势上升行情依旧。

◆ 如果银价向下跌破 0.382 这条重要支撑线后，该段上升行情的 0.5

位置线则成为最重要的支撑位。

◆ 如果银价回调到 0.5 位置线上方或附近时，就又重新反转向上，
则说明银价的上升行情还没有结束。

◆ 如果银价向下跌破 0.5 这条重要的支撑线后，该段上升行情高度
的 0.618 位置线就是最后一个支撑位。

◆ 如果银价有效向下跌破 0.618 位置线，则说明这段上升行情即将
结束，银价的上升趋势将转为下降趋势或水平调整趋势。

下面就通过一个例子，从回调幅度判断银价的走势。

如图 8-13 所示为现货白银 2015 年 3 ～ 7 月的 K 线图。

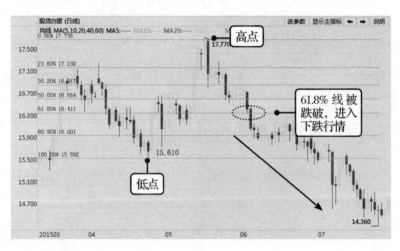

图 8-13 现货白银 2015 年 3 ～ 7 月的 K 线图

从图 8-13 可以看出，在 2015 年 3 月中旬，银价经过前期上涨后，
开始快速回落。在 4 月下旬，银价从 15.610 元开始见底回升。在 5 月 18 日，
银价达到了阶段性高价 17.770 元，此后银价又开始回落调整。

此时，可以将 17.770 元高点作为第 1 个基点，将 15.610 元低点作为
第 2 个基点。从高点向低点绘制向下回调支撑位的黄金分割线。

从银价的走势与黄金分割线共同来看，在 5 月 26 日，银价收出一根中阴线，直接跌破 38.2% 线，后面几个交易日虽然出现了反弹，但都没有突破 38.2% 线，此时 50% 线则成为最重要的支撑位。

在 6 月 3 日，银价收出一根中阴线，银价直接跌破 50% 线，直接来到 61.8% 线附近，此时 61.8% 线就是最后一个支撑位。虽然它在一定程度上对银价回调起到了支撑作用，但在 6 月 4 日银价收出一根中阴线，直接跌破 61.8% 线，且是有效跌破。

此时，可以说明这段上升行情基本结束，银价后市直接转为下降走势，投资者需要及时卖出手中的仓位，从而规避风险。

4．从反弹幅度判断银价上涨走势

一般情况下，一轮真正的下跌行情中，往往会有几次级别较大的反弹过程。这种反弹过程，对于投资者操作现货白银非常有帮助。同时，投资者可以利用黄金分割线来判断反弹行情的性质。

当银价从高位下跌过程中，由于前期跌势过猛，会有一个比较大的反弹，其主要情况有以下几种。

◆ 如果反弹高度没有达到 0.382 位置线处，又重新开始下跌，则意味着这种反弹是弱势反弹，银价后市的跌势可能会更加凶猛。

◆ 如果银价的反弹高度没有达到 0.5 位置线处就重新下跌，则预示着这种反弹是下跌途中的中级抵抗，银价的下降趋势依旧，下跌行情尚未结束。

◆ 如果银价的反弹高度达到 0.618 位置线处，并有效突破 0.618 位置线，则说明银价的下跌趋势结束，下跌行情也有可能转为上涨行情或平台整理行情。

下面就通过一个例子，从反弹幅度判断银价的走势。

如图 8-14 所示为现货白银 2013 年 5 ~ 12 月的 K 线图。

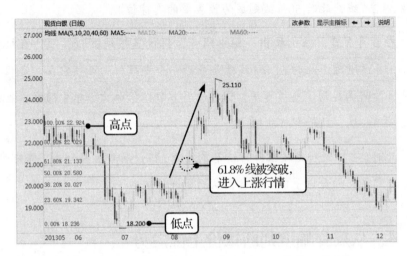

图 8-14　现货白银 2013 年 5 ~ 12 月的 K 线图

从图 8-14 可以看出，银价在高位横盘整理了一段时间后，开始出现回落，并达到了阶段性低价 18.200 元。以此低点为第 1 个基点，银价是 18.200 元。以前期高点为第 2 个基点，银价是 22.924 元，由下往上绘制黄金分割线。

在 6 月下旬，银价达到阶段性低价后开始触底反弹。在 7 月 11 日，银价收出一根小阳线，直接突破 38.2% 线，但因为反弹力道不足，最终没有实现有效突破，随后银价又开始下跌。

在 7 月 22 日，银价收出一根中阳线，再一次突破 38.2% 线，并触及到 50% 线。不过，因为 50% 线的压力较大，银价并没有突破该线就被压制下跌。当银价回落了一段时间后，开始加速反攻。在 8 月初期，银价连续收出多根阳线，直接突破了 50% 线和 61.80% 线。

此时，投资者可以适当买入做多市场，因为银价将由下跌走势反转为上涨走势。

. PART.

MACD
指标

KDJ
指标

BOLL
指标

通过技术指标寻找
现货白银价格买卖信号

　　在 K 线图中，除了可以看到银价走势和各种均线外，还可以查看一些其他的主图窗口，而这些窗口中的内容同样可以为投资者提供银价走势的买卖信号，它们有一个共同的名称，叫作技术指标。技术指标的种类有很多，如 MACD、KDJ 及 BOLL 等，本章就来认识一些常见的技术指标。

9.1 平滑异同移动平均线——MACD 指标

> 在现货白银投资中，MACD 指标作为一种技术分析的手段，得到了众多投资者的关注。但要利用 MACD 指标分析现货白银的走势，还需要对其使用技巧进行了解与掌握，这样才能使投资收益达到最大化。

1. MACD 指标的构成

MACD，即指平滑异同移动平均线，是一种由双指数移动平均线发展而来的技术指标。MACD 的意义和双移动平均线基本相同，即由快、慢均线的离散、聚合表示当前的多空状态和银价可能的发展变化趋势，同时阅读起来更方便，预测银价的走势也更加准确。

其中，一个完整的 MACD 指标主要由 5 部分组成，分别是 DIFF 线（差离值）、DEA 线（讯号线）、红色柱线（多头）、绿色柱线（空头）和 0 轴，如图 9-1 所示。

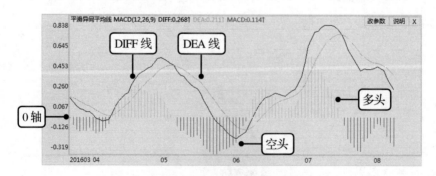

图 9-1　MACD 指标的组成部分

当 MACD 从负数转向正数时，则表示当前应该买入。当 MACD 从正数转向负数时，则表示当前应该卖出。当 MACD 以大角度变化，表示较快的移动平均线与较慢的移动平均线之间被迅速拉开，这说明一个市场大趋势的转变。

【提示注意】

在 MACD 指标中，DIFF 线是由快速移动平均线（一般为 12 日均线）与慢速移动平均线（一般为 26 日均线）的差计算出来。如果差值为正，则说明银价上涨；如果差值为负，则说明银价下跌。计算出 DIFF 线后，会再画一条 DEA 线，它通常是 DIFF 线的 9 日移动平均值。

2. DIFF 线与 DEA 线金叉买入形态

在 MACD 指标中，有两种非常重要的运行趋势线，即 DIFF 线和 DEA 线。其中，DIFF 线表示银价在短期内的涨跌速度，DEA 线表示银价在长期内的涨跌速度。这两根曲线在 0 轴上方且离 0 轴越远，则说明银价上涨的速度越快。反之，在 0 轴下方且离 0 轴越远，则说明银价下跌的速度越快。

当 DIFF 线向上突破 DEA 线形成金叉时，根据该形态出现的位置，所释放的信号也不相同，其主要有以下 3 种情况。

◆ 如果这种形态出现在 0 轴上方，则说明银价在短期内的上涨速度超过了长期上涨速度，表明后市将会加速上涨。

◆ 如果这种形态出现在 0 轴下方，则说明银价在短期内的下跌速度慢于长期下跌速度，这是银价将见底反弹的标志，说明银价后市将会止跌转涨。

◆ 如果这种形态出现在 0 轴位置上时，则说明银价正在由下跌趋势转为上涨趋势，且后市的上涨速度会越来越快。

由此可以看出，当 MACD 指标形成金叉时，是较为强势的看涨买入信号。此时，投资者可以积极做多现货白银。下面就通过一个例子，来对这种形态进行分析。

如图 9-2 所示为现货白银 2016 年 3 ~ 8 月的 K 线图。

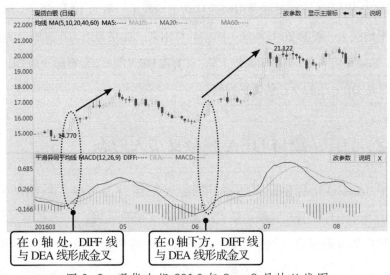

图 9-2　现货白银 2016 年 3 ~ 8 月的 K 线图

从图 9-2 可以看出，在 2016 年 3 月下旬，银价一直处于平台调整行情中。

在 4 月 11 日，银价当天收出一根中阳线。而在 MACD 指标，DIFF线自下而上上穿 DEA 线形成金叉，且该形态基本与 0 轴在同一水平线上。此时，说明银价正在由下跌趋势或平台整理趋势转为上涨趋势，且后市的上涨速度会越来越快。

在 4 月下旬，银价由于前期的上涨，开始出现回调整理，且 DIFF 线与 DEA 线也回落到 0 轴下方。在 6 月 8 日，银价当天收出一根中阳线。同时，在 0 轴下方，DIFF 线自下而上上穿 DEA 线形成金叉。

此时，说明银价在短期内的下跌速度慢于长期下跌速度，银价将会触底反弹，后市将开始上涨，投资者可以积极入场做多。

【提示注意】

在 DIFF 线与 DEA 线的金叉完成时，必然会伴随着 MACD 柱线由绿变红。此时，投资者也可以将 MACD 柱线作为金叉是否完成的参考。

3. MACD 柱线和银价底背离买入形态

MACD 指标中除了可以通过 DIFF 线与 DEA 线判断买入操作外，还可以使用 MACD 柱线来实现，MACD 柱线用以表示银价涨跌的内在动力。如果该柱线位于 0 轴上方且红色柱线越长，则表明银价上涨动能越强；如果该柱线位于 0 轴下方且绿色柱线越长，则表明银价的下跌动能越强。

MACD 柱线和银价底背离形态的出现，主要是因为银价在持续下跌过程中连续创出新低，而 MACD 柱线却没有配合其创出新低，反而出现了一底比一底高的上涨形态。

出现这种形态可以说明虽然银价还在下跌过程中，但是其内在的做空动能已经越来越弱，银价后市将可能触底反弹，投资者可以积极做多市场。下面就通过一个例子，来对 MACD 柱线和银价底背离形态进行分析。

如图 9-3 所示为现货白银 2015 年 9 月～ 2016 年 2 月的 K 线图。从图中可以看出，在 2015 年 9 ～ 10 月中旬，银价震荡上涨，并到达阶段性高价，随后银价就开始回落。

在银价回落的前期，MACD 柱线也由红线转为绿线，且绿色柱线也越来越长。在 2015 年 11 月中期，银价还处于下跌走势中，并连续创出新低，但 MACD 指标的绿色柱线却没有继续创出新低，反而出现了一底比一底高的上涨形态。

此时，MACD 柱线和银价就形成了底背离形态，这是银价将会见底反弹的信号。在 2015 年 12 月初，MACD 指标中的 0 轴下方，DIFF 线自下而上上穿 DEA 线形成金叉，该形态确认了银价即将反转的有效性，从而更加确定底背离形态的可靠性。投资者可以积极做多市场，银价后市将迎来一波不错的上涨行情。

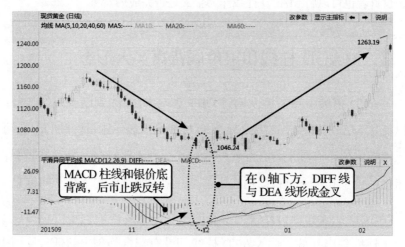

图 9-3 现货白银 2015 年 9 月～2016 年 2 月的 K 线图

4. DIFF 线与 DEA 线死叉卖出形态

同 DIFF 线与 DEA 线金叉形态相反，当 DIFF 线自上而下跌破 DEA 线时，就形成了 MACD 指标死叉形态。同样，该形态根据出现的位置，所释放的信号也不相同，其主要有以下 3 种情况。

◆ 如果这种形态出现在 0 轴下方，则说明短期内的下跌速度已经超过了中长期的下跌速度，银价后市将会加速下跌。

◆ 如果这种形态出现在 0 轴上方，则说明市场正处于上升行情中，且短期内的上涨速度已经慢于中长期上涨速度，这是银价即将见顶下跌的信号。

◆ 如果这种形态出现在 0 轴位置上时，则说明市场正由上涨行情转
为下跌行情，且银价后市的下跌速度会越来越快。

由此可以看出，当 MACD 指标形成死叉时，是较为强势的看跌卖出
信号。此时，投资者需要及时卖出自己手中的多仓。下面就通过一个例子，
来对这种形态进行分析。

如图 9-4 所示为现货白银 2015 年 7 月 ~ 2016 年 2 月的 K 线图。

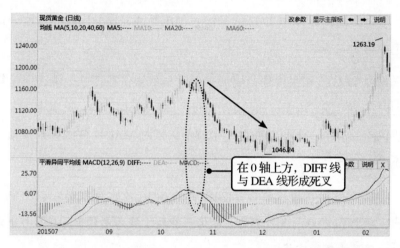

图 9-4 现货白银 2015 年 7 月 ~ 2016 年 8 月的 K 线图

从图 9-4 可以看出，在 2015 年 7 ~ 10 月，银价一直处于震荡后上
涨行情中，并在 10 月中旬达到了阶段性高价，随后银价开始回调整理。

在 2015 年 10 月 22 日，银价低开低走，最后收出一根十字星。同时，
在 MACD 指标中出现了 DIFF 线自上而下下穿 DEA 线，形成死叉形态，
且该形态处于 0 轴上方。

此时，可以说明银价属于见顶下跌，上涨行情基本结束，后市将会直
接进入到下跌行情中，投资者需要及时做空市场。

【提示注意】

在 DIFF 线与 DEA 线的死叉完成时，必然会伴随着 MACD 柱线由红变绿。此时，投资者也可以将 MACD 柱线作为死叉是否完成的参考。

5. MACD 柱线和银价顶背离卖出形态

MACD 柱线和银价顶背离形态的出现，主要是因为银价持续上涨，并连续创新高，但 MACD 柱线却没有创出新高，反而出现一顶比一顶低的走势。

MACD 柱线和银价顶背离形态说明虽然银价在持续上涨，但是其上涨的内在动能越来越弱，银价后市很有可能会见顶下跌，投资者需要做好规避风险的准备。下面就通过一个例子，来对 MACD 柱线和银价顶背离形态进行分析。

如图 9-5 所示为现货白银 2014 年 3 ~ 10 月的 K 线图。从图中可以看出，在 2014 年 3 ~ 5 月中旬，银价一直处于震荡走势中。在 5 月下旬，银价出现了小幅的回落。

在 6 月初期，银价触底反弹，开始进入上涨行情中。随后 MACD 柱线也由绿线转为红线，且红色柱线也越来越长。在 6 月下旬，银价还处于上涨走势中，并连续创出新高，但 MACD 指标的红色柱线却没有继续创出新高，反而出现了一底比一底低的下跌形态。

此时，MACD 柱线和银价顶背离，这是银价将会见顶回落的信号。同时，在 7 月 14 日，银价收出一根大阴线，且 MACD 指标中的 0 轴上方，DIFF 线自上而下下穿 DEA 线形成死叉，从而更加确定后市会进入下跌行情中。投资者需要及时卖出手中的仓位，银价后市一路下跌。

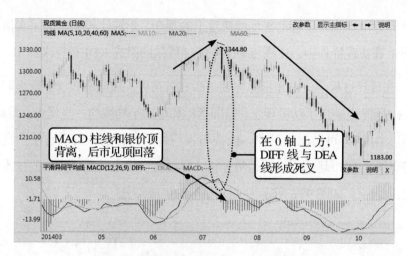

图 9-5　现货白银 2014 年 3 ～ 10 月的 K 线图

🌐9.2　奇妙的芭蕉扇——KDJ 指标

　　每一个投资者都有一套自己的交易系统，而对于大部分投资者来说，KDJ 指标是一个系统中必不可少的组成要素。KDJ 是一个超买超卖指标，所以它的重要价值就在于对银价高位低位的研判，本章就来对 KDJ 指标进行介绍。

1. KDJ 指标概述

　　KDJ 指标的中文名称又叫随机指标，最早起源于期货市场，由乔治·莱恩（George Lane）首创。

　　KDJ 指标最早是以 KD 指标的形式出现，而 KD 指标是在威廉指标的基础上发展而来。不过 KD 指标只判断投资市场超买超卖现象，但是在

KDJ 指标中则融合了移动平均线速度上的观念，形成比较准确的买卖信号依据。在实践操作中，K 线与 D 线配合 J 线共同组成 KDJ 指标来使用。

在设计过程中，KDJ 指标主要是研究最高价、最低价和收盘价之间的关系，同时也融合了动量观念、强弱指标和移动平均线的一些优点。因此，使用 KDJ 指标可以比较迅速、快捷与直观地研判行情，所以它被广泛应用于现货白银市场的中短期趋势分析，是现货白银市场上最常用的技术分析工具之一。如图 9-6 所示为 KDJ 指标的组成部分。

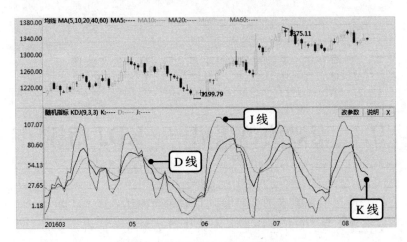

图 9-6　KDJ 指标的组成部分

KDJ 指标在图表上共有 3 根走势线，分别是 K 线（快速指标）、D 线（慢速指标）和 J 线。KDJ 指标在计算中不仅考虑了计算周期内的最高价和最低价，还兼顾了银价波动中的随机震幅，因而投资者认为随机指标更能真实地反映出银价的波动，从而产生更加明显的提示作用。

从一般的划分标准来看，根据 KDJ 指标的取值范围，可以将其划分为几个投资参考区域，分别是超买区、徘徊区和超卖区。

◆ 如果 K 线、D 线和 J 线这 3 个值在 20 以下运行，则为超卖区，是买入信号。

◆ 如果 K 线、D 线和 J 线这 3 个值在 80 以上运行，则为超买区，是
卖出信号。

◆ 如果 K 线、D 线和 J 线这 3 个值在 20 ~ 80 之间运行，则为徘徊区，
此时只需观望。

【提示注意】

KDJ 指标中，K 值和 D 值的取值范围都是 0 ~ 100，而 J 值的取值范围可以
低于 0 或超过 100。不过在大部分的行情分析软件中，KDJ 指标的研判范围
都是 0 ~ 100。一般情况下，就敏感性而言，J 值最强，K 值次之，D 值最慢；
就安全性而言，J 值最差，K 值次之，D 值最稳。

2．K 线和 D 线低位金叉形态分析

在 KDJ 指标中，K 线和 D 线可以用来表示银价的涨跌动能。其中，
K 线表示短期内银价的涨跌动能，D 线表示长期内银价的涨跌动能。当 K
线向上突破 D 线时，二者就形成了 KDJ 指标的金叉形态。这个形态的出
现说明了银价短期内的上涨动能有所增强，银价后市看涨。

在 K 线与 D 线都在 50 以下时形成金叉形态，则表明当前处于低位，
银价也刚刚进入到上升趋势中，银价后市将会有更大的上涨空间。此时，
投资者可以积极做多市场。下面就通过一个例子，来对 K 线和 D 线低位
金叉形态进行分析。

如图 9-7 所示为现货白银 2016 年 3 ~ 8 月的 K 线图。从图中可以看出，
在 2016 年 3 ~ 5 月，银价处于震荡上行走势中。随后银价因为前期上涨，
开始出现回调整理走势。

在 5 月 30 日，银价当天低开低走，并收出一根十字星，此时可以说
明银价可能到达阶段性底部。在后一个交易日中，银价收出一根小阳线。

同时，在 KDJ 指标中 K 线和 D 线在低位出现金叉。此时，说明银价在短期内的上涨动能有增加的趋势，投资者可以积极做多，后市将可能有一波不错的上涨行情。

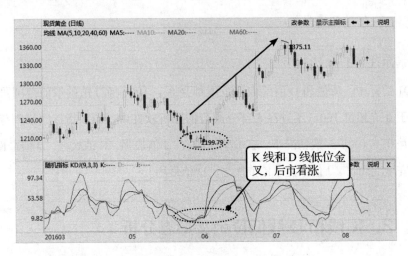

图 9-7　现货白银 2016 年 3 ～ 8 月的 K 线图

【提示注意】

根据 KDJ 指标的计算原理，当 K 线突破 D 线形成金叉的同时，J 线也会突破 D 线形成金叉，最终 3 条曲线都会同时形成金叉。

3．J 线进入超卖区形态分析

在 KDJ 指标中，J 线是波动最频繁的一条曲线。当 J 线跌破 0 值时，说明当前银价已经进入到了超卖区，这样就说明随着银价在短期内的快速下跌，市场中的空方力量已经变得特别强势，后市极有可能会盛极而衰，银价触底反弹。

投资者利用 J 线进入超卖区形态分析银价走势时，需要把握两个重要的买点，具体介绍如下。

◆ **J线跌破0值**：如果J线跌破0值，则说明市场上的空方力量基本得到释放，银价后市会随着多方力量的增强，而出现见底反转走势。此时，投资者可以适量做多现货白银。

◆ **J线突破0值**：如果J线在0值下方运行一段时间后，突然发力突破0值，则说明银价已经开始上涨。此时，投资者可以积极做多市场。

下面就通过一个例子，来对J线进入超卖区形态进行分析。

如图9-8所示为现货白银2014年8月～2015年1月的K线图。

图9-8　现货白银2014年8月～2015年1月的K线图

从图9-8可以看出，2014年8～10月，银价一直处于下跌走势中。在10月初期至10月中旬，银价虽然出现了小幅的反弹，但并没有改变其整体的下跌走势。

在2014年10月27日，银价低开低走，最后收出一根小阴线。同时，在KDJ指标中J线跌破0值，这说明银价在长时间的下跌过程中，有效地释放了空方的力量，银价在短期内有望止跌反转。此时，现货白银的第1个看涨买点出现。

在 2014 年 11 月 6 日，银价当天收出一根小阳线，且 KDJ 指标中的 J 线突破 0 值，这说明空方力量基本完全释放，多方力量变得强势。同时，在后一个交易日中收出一根中阳线，且 KDJ 指标中的 K 线与 D 线在低位形成了金叉，更确定了银价后市的上涨行情。此时，现货白银第 2 个看涨买点出现。

4．K 线和 D 线高位死叉形态分析

在银价的走势中，如果 KDJ 指标中的 K 线自上而下跌破 D 线时，就形成了死叉形态。如果这种死叉形态出现在 50 以上的高位，则称其为高位死叉。

K 线和 D 线死叉形态的出现，说明市场中多方力量因为强到极致，出现了盛极而衰的现象，最终导致多方力量越来越弱，而空方力量越来越强，银价后市将进入见顶下跌行情。如果该形态出现在 50 以上的高位，则表明后市下跌的速度越快。下面就通过一个例子，来对 K 线和 D 线高位死叉形态进行分析。

如图 9-9 所示为现货白银 2015 年 8 月 ~ 2016 年 1 月的 K 线图。从图中可以看出，在 2015 年 8 ~ 10 月中旬，银价一直处于震荡上行的走势中，其在 10 月 15 日达到了阶段性高价。

在 2015 年 10 月 16 日，银价低开低走，走势收出一根小阴线。同时，在 KDJ 指标中，K 线和 D 线在 83.6 位置处形成死叉，即高位死叉。此时，说明银价在短期内的下跌动能增强，投资者需要及时卖出手中的多仓。

随后，银价进入了快速下跌的走势中，虽然在下跌过程中出现过小幅反弹，但基本没有影响到银价整体的下跌趋势。

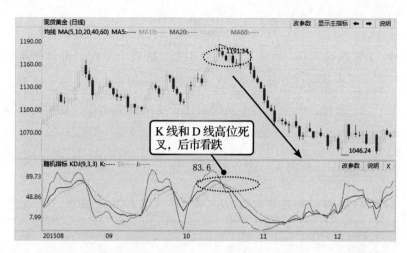

图 9-9　现货白银 2015 年 8 月～ 2016 年 1 月的 K 线图

【提示注意】

如果 K 线在跌破 D 线之后，没有再继续下跌，而是开始出现反弹走势。同时，K 线向上突破 D 线并形成金叉，则说明银价又回到了上升行情中，此时投资者还可以继续做多市场。

5．J 线进入超买区间形态分析

如果 KDJ 指标中的 J 线突破了 100，则表明当前银价走势已经进入了超买区。出现这样的形态，表明银价在短期内快速上涨，市场中的多方力量已经强到了极致，后市已经没有更多的力量维持这种上涨趋势，银价走势就会见顶回落，出现反转。

投资者利用 J 线进入超买区形态分析银价走势时，需要把握两个重要的卖点，具体介绍如下。

◆ **J 线突破 100**：如果 J 线突破 100，则说明市场在短期内的多方力量已经达到极限，后市将会进入弱势状态。此时，投资者可以先将手中的仓位减轻。

◆ **J 线跌破 100**：如果 J 线从 100 上方跌破 100 时，则说明市场的多方力量已经开始减弱，空方力量开始增强，银价也开始转头向下。此时，投资者需要及时卖出手中的所有仓位，以规避后市下跌的风险。

下面就通过一个例子，来对 J 线进入超买区形态进行分析。

如图 9-10 所示为现货白银 2015 年 3 ～ 8 月的 K 线图。

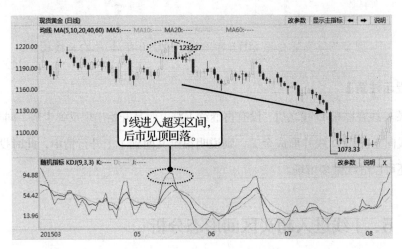

图 9-10 现货白银 2015 年 3 ～ 8 月的 K 线图

从图 9-10 可以看出，在 2015 年 3 ～ 5 月初期，银价一直处于高位横盘整理趋势。

在 5 月 14 日，银价收出一根小阳线。同时，KDJ 指标中的 J 线突破 100，说明市场在短期内的多方力量已经极度强势，可能会出现盛极而衰的情况。此时，现货白银的第 1 个卖点出现。

在随后的几个交易日中，银价达到了阶段性高位，之后便开始回调整理。在 5 月 19 日，银价当天收出一根中阴线。同时，KDJ 指标中的 J 线跌破 100，说明市场上的多方力量已经衰退，空方力量变得强势，银价也有下跌的迹象。此时，现货白银的第 2 个卖点出现，投资者应该将手中的多仓全部卖出，并出局观望。

🌐 9.3 银价运动轨迹——BOLL 指标

> BOLL 指标是研判市场运动趋势的一种中长期技术分析工具，它虽看似简单，但要合理地利用它分析价格走势，却不是一件容易的事情。简单的 3 条工具线能清晰地反映出当前市场的状态是上涨还是下跌，是即将进入震荡还是行情即将来临。下面就让我们一起来认识它的神奇之处。

1．BOLL 指标揭示银价运动轨迹

BOLL 指标，又叫布林线指标，是根据统计学中的标准差原理设计出来的一种非常简单实用的技术分析指标。一般情况下，市场的运动总是围绕某一价值中枢（如成本线、均价线等）在一定的范围内变动，BOLL 指标正是在上述条件的基础上，引进了“价格通道”的概念。其认为市场价格通道的宽窄随着价格波动幅度的大小而变化，而且价格通道又具有变异性，它会随着市场价格的变化而自动调整。

同时，正因为 BOLL 指标具有灵活性、直观性和趋势性等特点，才渐渐成为现货白银投资者广为应用的热门指标。

BOLL 指标一共由 3 条线组成，即上轨线（UPPER）、中轨线（MID）、下轨线（LOWER），如图 9-11 所示为 BOLL 指标的组成部分。

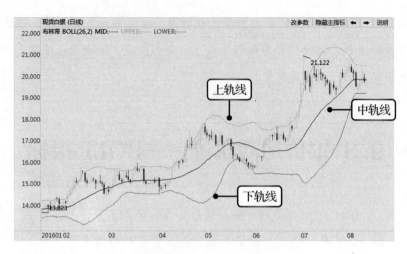

图 9-11　BOLL 指标的组成部分

其中，上下两条轨道线可以分别看成是现货白银价格的压力线和支撑线，而在两条线之间的一条可以看作是价格平均线。一般来说，这 3 条轨道线具体表现出了以下几个意义。

◆ 在 BOLL 指标中，各种轨线所形成的价格通道的移动范围不确定，通道的上下线随着银价的上下波动而变化。一般情况下，银价应该始终处于价格通道内运行。如果银价脱离价格通道运行，则意味着行情正处于极端状态。

◆ 在 BOLL 指标中，价格通道的上下轨线是显示银价安全运行的最高价位和最低价位。上轨线、中轨线和下轨线都可以对市场的运行起到支撑作用，而上轨线和中轨线有时则会对市场的运行起到压力作用。

◆ 一般而言，当银价在 BOLL 指标的中轨线上方运行时，说明市场处于强势趋势；当市场价格在 BOLL 指标的中轨线下方运行时，表明市场处于弱势趋势。

2．通过 BOLL 指标"喇叭口"研判银价走势

BOLL 指标"喇叭口"的研判是其特有的研判手段，所谓 BOLL 指标"喇叭口"，是指在银价运行过程中，BOLL 指标的上轨线和下轨线分别从两个相反的方向与中轨线大幅扩张或靠拢而形成的类似于喇叭口的特殊形状。

根据 BOLL 指标的上轨线和下轨线运行方向及所处的位置不同，又可以将"喇叭口"分为 3 种类型，分别是开口型喇叭口、收口型喇叭口和紧口型喇叭口。其中，开口型喇叭口形态常出现在银价短期内暴涨行情的初期；收口型喇叭口形态常出现在市场暴跌行情的初期；紧口型喇叭口形态则常出现在市场大幅下跌的末期。

■ 开口型喇叭口

当银价经过长期底部调整后，BOLL 指标的上轨线和下轨线逐渐收缩，上、下轨线之间的距离越来越小，银价突然出现向上急速飙升的行情。此时，BOLL 指标的上轨线也同时急速向上扬升，而下轨线却加速向下运动，这样布林线上、下轨线之间的形状就形成了一个类似于大喇叭的特殊形态，这就是开口型喇叭口。

开口型喇叭口表现了银价短线大幅向上突破形态，是形成于银价经过长时间的低位横盘筑底后，面临着向上变盘时所出现的一种走势。不过，开口型喇叭口形态的确立需要满足以下两个条件。

◆ 现货白银市场需要经过长时间的中低位横盘整理，整理的时间越长，上下轨线之间的距离越小，则银价后市上涨的幅度就越大。

◆ BOLL 指标开始出现开口时，需要伴随着明显的成交量放大现象。

■ 收口型喇叭口

当银价经过短时间大幅拉升后，BOLL 指标的上轨线和下轨线逐渐扩大，上下轨线之间的距离越来越大，随着成交量的逐步减少，银价在高位出现了急速下跌的行情。此时，BOLL 指标的上轨线开始急速掉头向下，而下轨线还在加速上升，这样上、下轨线之间的形状就变成一个类似于倒放的大喇叭形态，这就是收口型喇叭口。

收口型喇叭口表现了银价短线大幅向下突破的形态，是形成于市场经过短时期的大幅拉升后，面临着向下变盘时所出现的一种走势。

■ 紧口型喇叭口

当银价经过长时间的下跌后，BOLL 指标的上下轨线向中轨线逐渐靠拢，上下轨线之间的距离越来越小，银价在低位反复震荡。此时，BOLL 指标的上轨线还在向下运动，而下轨线却在缓慢上升。这时 BOLL 指标上下轨线之间的形状就类似于放倒的小喇叭形态，这就是紧口型喇叭口。

紧口型喇叭口表现了银价将长期小幅盘整筑底，是形成于市场价格经过长期大幅下跌后，面临着长期调整的一种走势。

下面通过一个具体实例，来看看 BOLL 喇叭口如何研判银价走势。

如图 9-12 所示为现货白银 2016 年 1 ~ 6 月的 K 线图。从图中可以看出，从 2016 年 1 月开始，银价经过一段时间的上涨后，在 2 月中旬至 4 月开始进行平台整理。

在 4 月 11 日，银价收出一根中阳线。同时，BOLL 指标的上下轨线出现了开口型喇叭口。

此时，则说明银价在中低位经过长时间的横盘整理，上下轨线之间的距离逐步放大，银价后市会出现一波不错的上涨行情。

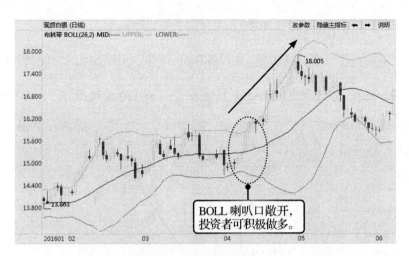

图 9-12 现货白银 2016 年 1 ～ 6 月 K 线图

3. BOLL 指标的中轨买卖标志

在 BOLL 指标中，虽然中轨不是主要的压力位和支撑位，但它却可以很好地帮助投资者判断现货白银的买卖点。其主要判断依据有以下几点。

◆ 当银价向上突破 BOLL 指标的中轨线时，则意味着现货白银市场中短期向上扬升趋势开始形成，这是 BOLL 指标揭示的中短期买入标志。

◆ 当银价向上突破 BOLL 指标的中轨线后，如果银价依托 BOLL 指标的中轨线向上攀升时，则意味着现货白银市场的中短期向上趋势已经成立，这是 BOLL 指标揭示的逢低做多或持多标志。

◆ 当银价向下跌破 BOLL 指标的中轨线时，则意味着现货白银市场的中短期下跌趋势开始形成，这是 BOLL 指标揭示的中短期做空标志。

◆ 当银价向上突破 BOLL 指标的中轨线后，如果银价被 BOLL 指标的中轨线压制继续下行时，则意味着现货白银市场的中短期下降趋势已经确定，这是 BOLL 指标揭示的做空标志。

下面通过一个具体实例，来看看 BOLL 指标的中轨线如何判断买卖点。

如图 9-13 所示为现货白银 2016 年 3 ～ 8 月的 K 线图。

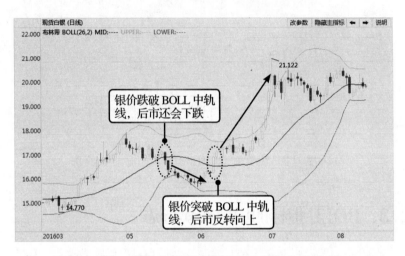

图 9-13　现货白银 2016 年 3 ～ 8 月的 K 线图

从图 9-13 可以看出，从 2016 年 3 ～ 5 月，银价经历了一波上涨行情，随后开始下跌。

在 5 月 18 日，银价收出一根中阴线，直接有效跌破了 BOLL 指标的中轨线。此时，说明银价后市还会继续下跌，投资者需要及时做空市场，以规避银价的下跌风险。

随后，银价进入了一段时间的下跌行情。在 5 月 31 日，银价连续收出 3 根十字星，且在 BOLL 指标的下轨线处受到支撑，之后就开始出现反弹。

在 6 月 8 日，银价收出一根中阳线，直接有效突破 BOLL 指标的中轨线。此时，说明银价中短期向上扬升趋势开始形成，投资者可以积极做多市场。

.PART.

止损与止
盈技巧

科学地进行
仓位管理

交易必备
的心理

投资风险
防范

做好现货白银投资策略与风险防范

投资者在投资现货白银时，资金被放大了很多倍，所以有机会以小博大，但与之对应的风险也会被放大。在这样的情况下，投资者不仅需要做好投资策略，拥有正确的投资心理，还要有高的风险防范意识，这样才能在布满"地雷"的现货白银市场获得收益。

🌐 10.1 掌握必备的止损与止盈技巧

> 止损，即停止进一步扩大损失，是一种紧急启动保护的措施。在持仓处于危险状态下，临盘时果断采取止损操作，可以减少损失。止盈，是指守住阶段性利润，实现阶段性盈利目标，是根据当前市场趋势变化与银价技术指标实施的一种交易行为。

1．现货白银投资止损原则与必要性

止损操作是在投资者错误判断趋势、错误操作或遭受市场不确定因素的影响致使投资亏损后及时果断实施的卖出挽救行为，从而把可能出现的大幅亏损控制在小范围之内。

■ 现货白银的止损原则

在投资者市场中，流行一个简单且有用的交易法则，即鳄鱼原则。该法则是通过鳄鱼的吞噬方式演变而来，下面就来看看这个小故事。

在鳄鱼捕食到猎物时，如果猎物越试图挣扎，鳄鱼的收获就会越多。例如，一只鳄鱼咬住了你的一只脚，如果你试图用手臂去挣脱脚，那么，鳄鱼的嘴巴就会同时咬住你的脚与手臂。如果你挣扎得越厉害，那么鳄鱼就会咬得越厉害。所以，万一鳄鱼咬住你的脚，唯一的生存机会就是牺牲那只脚。

如果将这个法则应用到现货白银投资者市场，则可以总结出一个止损原则，就是当投资者意识到自己的操作失误后，就必须立即了结离场，不应该寻找任何理由与借口，更不应该还对后市抱有幻想。

■ 现货白银止损的必要性

在现货白银投资市场中，波动性和不可预测性是它最根本的特征，这也是交易过程中风险产生的主要原因，投资者无法人为地对其做出改变。同时，交易过程中永远没有所谓的确定性，所有的分析与预测都只能是银价后市走势的一种可能性。根据这种可能性进行交易，当然就无法获得确定的结果，不确定的行为必定会将风险扩大。此时，就可以看出止损对于投资来说有多么重要。

止损是在投资过程中自然产生的，并不是硬性的规定，是投资者保护资产的一种本能反应。同时，现货白银投资市场的不确定性，更加说明了止损存在的必要性和重要性。对于成功的投资者来说，虽然他们的投资方式有多种，但只有止损在保障他们减少亏损，并最终获得成功。

2．为何止损如此困难

对于大部分的投资者来说，他们可能非常清楚止损的意义与重要性，但止损出现的原因，并不只是让投资者对其进行了解，而是要将它真正应用到实际投资中。

事实上，投资者设置了止损而没有执行的情况数不胜数。在现货白银投资市场中，割肉出局的悲剧几乎每天都在上演。止损为何如此困难？其原因如表 10-1 所示。

表 10-1　现货白银投资止损困难的原因

名称	详解
侥幸的心理作祟	某些投资者尽管知道银价走势已经进入下跌行情，但总抱着侥幸心理，想再看一看或等一等，导致自己错过最好的止损时机

续表

名称	详解
犹豫不决	银价波动过于频繁会让投资者犹豫不决，情绪波动较大，经常做出错误的操作，从而造成止损没有达到很好的效果，以至于动摇投资者下次止损的决心
毅力不够	执行止损是一件非常痛苦的事情，需要投资者具有很强的毅力，它直接对投资者的弱点进行挑战和考验

事实上，投资者在每次进行操作时都无法确定该操作是否正确，即便是最终盈利，也难以决定是立即出场还是持仓观望，更何况是处于被套牢的状态下。同时，许多投资者不愿意少赚几个点，也不愿意多亏几个点。

正因为如此，当银价到达止损位时，一些投资者就方寸大乱，患得患失，止损的位置也一改再改；一些投资者还逆势加仓，企图孤注一掷，希望能挽回损失；还有一些投资者在亏损扩大后，干脆采取不管不问的投资态度。

其实，在一些大的交易所中，通常都会为投资者提供止损指令。投资者可以预先设定一个价位，当市场价格达到这个价位时，止损指令立即自动生效。如果投资者觉得这样过于麻烦，可以借助先进的现货白银交易工具，这是目前帮助投资者严格执行止损的一种简单而有效的方法。

这种交易系统可以帮助投资者养成良好的止损习惯，从而规避市场中的风险，使其最大限度地减少损失，变被动为主动，在现货白银市场中获得收益。

3．巧妙设置止损位

现货白银一般在上涨到一定高度后，会突然出现见顶回落走势，使得应变不及的投资者出现一定损失，由此可以看出止损设置非常重要。止损设置需要根据一定的依据来进行，具体有以下几点。

◆ **根据亏损程度设置**：这是最常用的一种方法。例如，当现价低于买入价5%或10%时止损，通常投机型短线投资者的止损位设置在下跌的2%~3%之间，而投资型长线投资者的止损位设置的下跌比例相对较大。

◆ **根据比价高低来设置**：与近期阶段性高价相比较，当银价从最高价下跌达到一定幅度时卖出，如果此时处于亏损状态则叫止损，处于盈利状态则叫止盈。

◆ **根据技术指标的支撑位设置**：主要有10日、30日或60日移动平均线；银价下穿BOLL指标的上轨线；MACD出现绿色柱状线等。

◆ **根据K线形态设置参照物**：主要有趋势线的切线、头肩顶或圆弧顶等头部形态的颈线位及上升通道的下轨线和缺口的边缘等。

◆ **根据银价的整数价位设置**：例如，10元、20元或30元等。这种方法没有多少科学依据，主要是因为整数价位在投资者的心理上有一定的支撑和阻力作用。

目前，国内的交易系统为投资者提供了两种止损方式，分别是市价止损和限价止损。市价止损是指市场价格一触及预设的止损价位，就立刻以市价发送止损委托；限价止损则是在市场价格一触及预设的止损价位时以限价发送委托。

其中，市价止损指令能确保止损成功，而限价止损指令则可以避免在价格不连续时出现不必要的损失，两者各有利弊。一般情况下，在市场比较活跃时使用市价止损指令，而在市场比较低迷时使用限价止损指令。下面我们就通过在集金号行情软件中模拟设置止损位为例，来讲解设置止损位的具体操作方法。

Step01 运行集金号行情软件，并登录到账户中，单击主界面下方的"模拟交易"按钮。此时，在打开的"模拟交易"选项卡中可以查看到前期买入的订单，双击其中需要设置止损价格的订单选项。

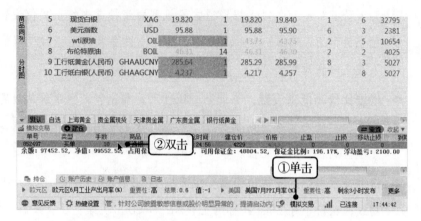

Step02 在打开的"订单"对话框中，可以查看到没有设置止损价，单击"交易类型"下拉按钮，选择"修改订单"选项。

Step03 此时，会显示出止损价与止盈价设置选项，在"与现价差"数值框中输入差值，单击复制后的"4044"按钮，然后单击下方的修改止损、止盈位按钮。

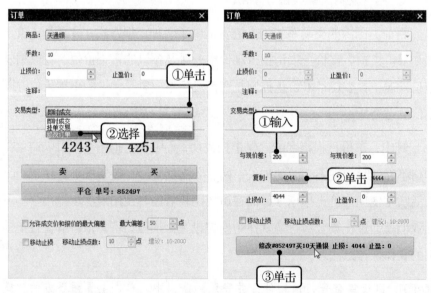

Step04 设置完成后，系统会自动更新止损价，此时投资者只要在打开的界面中单击"确定"按钮，关闭对话框即可。

4. 止损设置有哪些误区

在现货白银交易中，止损的误区主要分为两种，一种是止损位设置太近，另一种是止损位设置太远。

■ 止损位设置太近

对于止损来说，除了完全不设置止损之外，最常见的错误操作就是设置的价格不合理。

有一种让人觉得很无奈的情况就是，当投资者设置止损部位后，行情朝着不利于自己的方向发展，进而触动了止损，又立即朝着当初预期的方向发展。一个比较理想的止损位，除了可以防范投资者发生重大亏损外，还能让止损部位存在一些活动空间，允许发生一些不利于走势而不至于让正确部位止损出场。如果止损设置得过于紧密，活动空间则会过于狭窄。

如果将止损设置在现货白银市场的正常活动范围内或趋势线之内，很可能让投资者在最不该止损时被系统止损。这些投资者对于当前行情的判断或许正确，但如果进场价格不太理想或行情波动比较剧烈，则很可能就会被止损而出场，结果错失盈利良机。同时，投资者在遭遇止损后，行情又立即朝着他们当初预期的方向发展。于是，这些投资者不甘心又再度进场，此时的进场点可能不是最好的进场点，因为银价随时可能会反转。

正因为如此，将止损位设置得太近，常常是造成投资亏损的主要原因。的确，如果亏损不严重，但只要把止损位设置在行情活动的范围内，止损就很容易执行，虽然这样降低了亏损，但是同样也降低了盈利机会。下面就通过一个例子，来详细了解这种情况。

李先生是一名现货白银投资新人，他不允许发生 1～2 点以上的亏损。对于现货白银来说，出现 2 个点以上震幅的可能性非常大，所以 1～2 点根本算不上什么。在每天的分时走势中，随时都可能出现 1～2 个点的行情波动。

因此，这类止损遭遇触发的概率非常大，除非李先生进场点把控得非常准确，不然很难成功获取盈利。所以，如果行情波动稍微剧烈一些，李先生每天进行的交易有 70% 的概率可能会被止损出场。

李先生大约进行了 6 个星期的交易，最开始的 3 万元本金慢慢被耗尽，虽然他后期有追加资金，但他并没有从错误操作中吸取教训。由于他太担心单笔交易会遭受严重亏损，结果每笔交易都没获得盈利，反而都是以小赔收场。因为 1～2 点的止损太少，根本没有合理的发展空间。

■ 止损位设置太远

与止损位设置太近一样，止损位设置得太远也是一个问题。如果投资者采用特定金额作为止损位，设置的距离很有可能超过安全位置，从而增加亏损。简单理解就是，合理的损失应该是 2000 元，但实际的损失却达到了 4000 元。

如果投资者养成了这种止损习惯，那么交易资金就很可能会被亏损完。不过对于一些特殊情况，适当的止损位置可能真的比安全位置的价格远。例如，现货白银行情刚出现一波上涨走势，回调时的第 1 个有效支撑位置的价格可能距离较远。在这种情况下，由于技术性的止损点超过了投资者所能接受的亏损程度，投资者可能会放弃该次机会，因为这笔交易的风险和盈利的关系并不合适。

行情波动越剧烈，止损设置就越容易，因为止损位可以设置得较远。如果投资者不能忍受较大水平的亏损，那么此时的市场就不适合进行交易。下面就通过一个例子，来详细了解这种情况。

陈先生在刚刚进入现货白银市场进行投资时，由于市场行情波动较大，所以陈先生必须将止损点设置得较远一些。例如，在现货白银走势较为稳定时，可以将止损设置为 3 个点左右。那么，在行情剧烈震荡时，陈先生可以将止损设置在 5 个点左右。

当然，如果陈先生无法承担较大的风险，不能接受这样的亏损，那么就应该避开波动较大的银价行情，尽量在场外观望，而不是采取不适当的止损操作。

5．止盈的重要意义

止盈，也可以称作止赢，因为它在某些方面与止损有共同之处。因此，有些投资者也习惯将止盈包含到止损当中。在现货白银交易中，止盈就是指投资者在购入的成本之上挂单卖出，并获得实际收益。止盈卖出主要有两种心理状态，具体介绍如下。

◆ **主动性卖出**：该种方式是在银价上涨过程中，投资者达到了盈利目标后，主动挂单卖出。

◆ **被动性卖出**：该种方式是指投资者在获利的情况下，发现现货白银市场风险增加，波及自身利益，所以采取"止损"式卖出。

由于被动性卖出，因为它的分析方法与止损非常相似，都是为了防止资本减少。因此，可以将此种止盈方式也归入到止损中。

不管如何对止盈进行设置，其最终目的都是为了尽力保住收益，将账面盈利落袋为安，这也是止盈意义。其中，止盈最主要的意义如表 10-2 所示。

表 10-2　现货白银投资止盈的主要意义

意义名称	解释
获取稳定收益	在现货白银投资中，止盈是获取稳定收益的一个有效方法。特别对于喜欢"高抛低吸"的投资者来说，所谓的"高抛"就是止盈。就算投资者买入现货白银的价格很低，如果不及时止盈变现，所有的盈利都只会是停留在账面上的，随时都可能失去
回避市场风险	现货白银的投资风险与银价成正比，即银价上涨，风险增大。但是投资者往往无法判断银价上涨到什么位置风险才会降临。因此，投资者能做的就是在风险增加到一定程度时进行止盈，回避风险，等风险期过后，再寻找下一个投资机会
掌握投资节奏	在进行现货白银投资时，不是什么时候都适合交易。因为风险和收益之间在不断地发生变化，不管是短线还是长线，都无法避免。而止盈却可以在一定程度上帮助投资者把握这种变化节奏，并在合理的时机进行交易
增强投资信心	在现货白银投资市场中，信心非常重要。止盈本身就可以给投资者带来投资信心，进行投资的最终目的是为了赚钱。在盈利的基础上，投资者可以有更大的信心去进行之后的交易

【提示注意】

其实，不管是止损还是止盈，它们的定位都需要根据投资者的情况而定，正常情况是不能超过投资者所能承受的范围，对于止损正常的不能超过 5%，而止盈正常情况下不能超过 20%。所以，止损和止盈对于投资者而言是非常重要的一个环节，做到了才是现货白银投资的胜利者。

10.2 科学地进行仓位管理

投资者的投资收益除了把握好买卖点外，还与仓位管理密切相关。例如，有的投资者在行情较好的前半部分因为害怕，而束手束脚，因此仓位较轻且获利较少；到行情最后关头因为看到上涨而满仓杀入，却最终被深套。所以科学地进行仓位管理，就显得尤为重要。

1. 仓位管理的重要性

许多投资者在进行投资时，只关心何时可以进行买卖，而忽略了仓位管理的重要性。因为，人性的贪婪和恐惧往往促使投资者大进大出，反而对仓位很少能做到进退有度。

那么，什么是仓位呢？仓位是指投资者实际投资资金占全部可用资金的比例。根据市场的变化来控制自己的仓位，是现货白银投资中一个非常重要的能力，如果不会控制仓位，那么永远也不能成为一个成功的投资者。

建立适合自己的投资系统和风格，并学会仓位管理和风险控制，是一个新手投资者走向成熟的标志之一。虽然仓位管理在上涨行情中往往会影响投资者的表面收益，使得暂时的总收益落后，但它却可以让投资者在现货白银投资市场中规避风险。此时，可将仓位管理的作用总结为以下几点。

◆ 仓位管理就是在投资者做多现货白银时，决定如何分批入场，又如何进行止损或止盈离场的技术。其中，做好入场、止损和止盈是最终盈利的重要环节。

◆ 有专家对仓位管理进行过实验，通过抛硬币来决定做多还是做空。在这种随机方式中，依据好的仓位管理技术更容易赚到钱。

◆ 投资者想要获得成功的投资，必须具备客观简明的规则、等待机会的耐心、控制仓位的理智、快速止损的果断及扩大利润的勇气。

完整的现货白银投资包括行情分析、做多时间、做多数量、做空时间等一个完整的过程。但大多数投资者容易忽视买卖多少、兑现利润或止损等的问题。只有把投资的各个环节都尽可能执行好，才算得上较成功的投资，长期稳定盈利才成为可能。

【提示注意】

从积极的角度看，仓位管理不仅可以控制风险，还可以扩大利润。如果投资者是进行中线投资，一旦操作正确，那么每攻克一个阻力位，就递减式加仓，这样可以使自己盈利时的仓位永远大于出错时的仓位。

2.3 种常见的仓位管理方法

许多现货白银投资者，在投资过程中往往比较看重技术、指标和对趋势的判断等，而把资金管理与仓位控制看得比较轻。其实，投资者不应该放过任何能为交易增加收益的机会，掌握好仓位管理的方法，可以为自己创造更多的价值。

■ 漏斗仓位管理法

此种方法的初始进场资金量比较小，仓位比较轻。如果现货白银的行情按相反方向运行，银价后市逐步加仓，进而摊薄成本，加仓比例越来越大。由于该种方法的仓位控制呈下方小、上方大的一种形态，很像一个漏斗，所以将其称为漏斗仓位管理法，如图 10-1 所示。

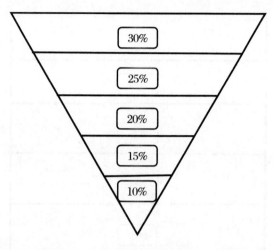

图 10-1　漏斗仓位管理法示意图

漏斗仓位管理法比较适合于偏向趋势的投资者，其具体的优点和缺点如下。

◆ **优点**：初始风险比较小，在不爆仓的情况下，漏斗越高，投资者盈利越可观。

◆ **缺点**：漏斗仓位管理法建立在后市走势和判断一致的前提下，如果方向判断错误，或者方向的走势不能越过总成本位，投资者将陷于无法获利出局的局面。一般情况下，此时仓位会比较重，可用资金比较少，资金周转会出现困境。同时，越是反向波动，持仓量就越大，承担的风险会越高，最终可能会导致爆仓。

■ 矩形仓位管理法

矩形仓们管理法是指初始进场的资金量，占总资金的固定比例。如果现货白银的行情按相反的方向发展，银价后市逐步加仓，进而降低成本，加仓都遵循这个固定比例，形态像一个矩形，所以将其称为矩形仓位管理法，如图 10-2 所示。

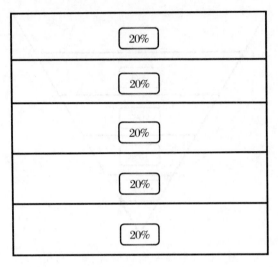

图 10-2 矩形仓位管理法示意图

矩形仓位管理法比较适合于偏向稳健的投资者，其具体的优点和缺点如表 10-3 所示。

表 10-3 矩形仓位管理法的优点和缺点

名称	详解
优点	每次只增加一定比例的仓位，持仓成本逐步抬高，对风险进行平均分摊，平均化管理。在持仓可以控制、银价后市方向和判断一致的情况下，投资者可以获得丰厚的收益
缺点	初始阶段，平均成本抬高较快，投资者容易很快陷入被动局面，银价不能越过盈亏平衡点，处于被套局面。与漏斗仓位管理法一样，越是反向变动，持仓量就越大，当达到一定程度，必然全仓持有，而银价只要向反方向变动少许，就容易导致爆仓

■ 金字塔仓位管理法

此种方法的初始进场的资金量比较大，如果现货白银后市行情按相反方向运行，则不再加仓；如果方向一致，则可以逐步加仓，且加仓比例越来越小。由于此种方式的仓位控制呈下方大、上方小的形态，像一个金字塔，所以将其称为金字塔仓位管理法，如图 10-3 所示。

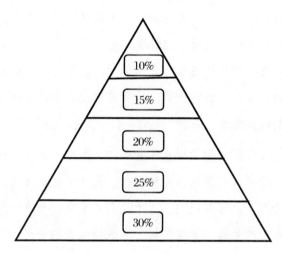

图 10-3　金字塔仓位管理法示意图

　　金字塔仓位管理法比较适合于偏向投机的投资者，其具体的优点和缺点如表 10-4 所示。

表 10-4　金字塔仓位管理法的优点和缺点

名称	详解
优点	按照收益率进行仓位控制，盈利率越高动用的仓位就越高，利用趋势的持续性来增加仓位。在趋势中，会获得很高的收益，风险率较低
缺点	在震荡行情中，较难获得收益。初始仓位较重，对于第一次入场的要求比较高

3.仓位管理方法比较

　　从上面的内容可知，仓位管理主要有 3 种常用的方法，分别是漏斗仓位管理法、矩形仓位管理法和金字塔仓位管理法。这 3 种仓位管理方法各有利弊，下面就对它们进行一个简单的比较，这样投资者就可以知道哪种方式最适合自己。

◆ 漏斗仓位管理法和矩形仓位管理法，是在投资者第一次入场之后，现货白银行情按相反方向运行，但仍确信后期走势会按照自己的判断方向运行，进行仓位管理。金字塔仓位管理法是在进场后，如果现货白银行情按相反方向运行，则不进行加仓操作，如果到达止损位置，则进行止损。前两种方法属于逆市操作，后一种方法则是顺势操作。

◆ 漏斗仓位管理法和矩形仓位管理法，操作正确的前提是，现货白银后市行情按照预判的走势进行，且仓位会越来越重，在没有爆仓的情况下，可以获利。对于投资者来说，有较大的风险。金字塔仓位管理法最多是损失第 1 次入场资金的一定比例，而不会给全部资金带来风险，所以金字塔仓位管理法承担的风险更小。

从上面的对比中可以看出，金字塔仓位管理法与漏斗仓位管理法和矩形仓位管理法相比较，更具有优势，且是一种更加科学的仓位管理方法。

如果一笔交易在当前处于盈利状态，那么投资者应该尽力利用趋势的持续性来增加仓位。不过需要注意的是，后续的加仓量要轻于前面的加仓量，金字塔仓位管理法一般都是基于支撑线和阻力线进行操作。

投资者在进场后，需要根据现货白银市场的发展与相应的风险和盈利结构变化，采用跟进止损的方式来调整自己的仓位管理方式。如果投资者采用这种方式，那么在银价继续前进，每次突破一道阻力线并上涨一段距离后，或者回踩并确认压力线已经转变为有效支撑线后，投资者需要将止损移动到该支撑线下方。

同时，如果投资者采用金字塔仓位管理法操作仓位，那么在单边行情中可能会获得非常不错的收益。不过在震荡行情中，容易出现触发止损现象，造成小幅亏损或盈利能力降低的情况。但是，由于单边行情中的盈利能力巨大，从而使许多投资者忽略交易在震荡行情中存在的缺陷。因此，对于大型或中型资金的投资者来说，可以考虑采用金字塔仓位管理法控制仓位。

10.3 现货白银交易必备的心理素质

> 投资者在投资现货白银时，心理素质是非常重要的，有时候甚至比技术分析还重要。对于一个成功的投资者来说，必须具备一切投资方面的心理素质需求，如果缺少，就可能导致整个投资产生巨大亏损。

1. 切勿贪婪

贪婪是人天生就具备的一个特性，但在现货白银投资市场中，过分贪婪往往会将自己送入无底深渊当中。特别是对短线投资者来说，由于其操作时间很短，投资者在获得一定收益后，应该按照原计划及时止盈，落袋为安。

如果投资者因为具备贪婪的心理，还想获取更多的利润而未及时兑现收益，那么在银价后市不确定的走势中，可能会遇到银价大跌，则不仅原有的收益会化为乌有，还有可能被套牢，甚至出现巨额亏损。下面就通过一个简单的例子，来说明切勿贪婪的重要性。

如图 10-4 所示为现货白银 2015 年 3 ~ 10 月的 K 线图。从图中可以看出，银价在前期的震荡走高中，达到了阶段性高价，随后就开始回落整理，并进入到下跌行情中。

在 6 月中旬，银价出现了反弹行情，这也给了喜欢做短线的投资者进场做多的机会。但银价稍微上涨时，投资者应该及时卖出多仓并在场外观望，寻找下一次短线机会。

此次银价上涨，并没有伴随成交量的放大，反而出现了成交量不断萎缩的现象。同时，银价的主趋势还处于下跌行情中。如果投资者因为获得一点收益就产生了还想获得更多收益的想法，没有及时进行平仓，那么就会在后面的大跌中出现巨大亏损。

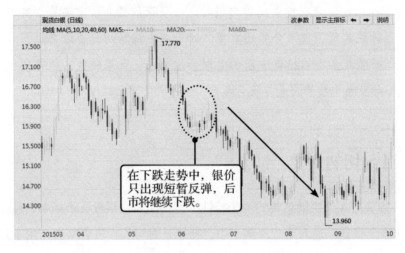

图 10-4　现货白银 2015 年 3 ~ 10 月 K 线图

2．戒除恐惧

与贪婪一样，恐惧也是人类天生就具备的一个特性，它也是制约投资者是否在投资市场中盈利的一个重要因素。一般情况下，投资者在获得一定收益后就会出现恐惧心理，担心银价会突然下跌。

就算银价只是小幅下跌，也会引发投资者的巨大恐惧，因为他们担心所获得的收益会转瞬即逝。同时，如果投资者出现了一定亏损，这种恐惧会更加严重，觉得银价后市会继续下跌，自己的亏损会极速扩大。下面就通过一个简单的例子，来认识戒除恐惧的重要性。

如图 10-5 所示为现货白银 2016 年 5 ~ 8 月的 K 线图。

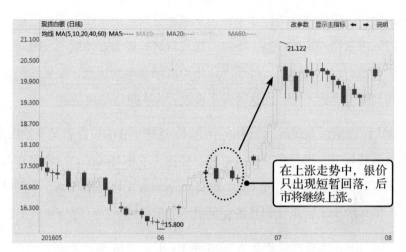

图 10-5　现货白银 2016 年 5 ~ 8 月 K 线图

从图 10-5 可以看出，银价在前期经过一段时间的下跌后，开始出现反弹走势。

在 6 月中旬，对于在银价阶段性底部抢反弹的投资者来说，此时都获得了不少的收益。但是在后面的几个交易日中，银价开始出现了小幅回落，其实这是一个比较正常的行情走势。

不过，对于某些胆小的投资者来说，可能会非常害怕银价下跌，担心自己的收益因为下跌而消失，所以就非常极速地平仓离场。然而，从银价的后期走势来看，银价经历回落整理完成后，经历了一波不错的上涨行情。

3．具备充足的耐心

许多投资者交易失败的主要原因，就是喜欢用想象进行操作，都希望能在短时间内入场获取巨大收益。虽然进行投资就是为了赚钱，但急躁的性格不仅不能赚到钱，还有可能亏损。

当银价处于筑底行情中时，投资者如果在此时入场做多，很有可能会买到现货白银阶段性底价。如果银价从筑底行情向上突破，则投资者可以在短时间内获得一定的收益。不过，筑底行情一般需要持续一段时间，如果投资者没有足够的耐心，经受不住银价底部波动的折磨，在买入现货白银后看到银价迟迟不动，而这时候平仓就会丧失这个低价位。

随后，在银价从筑底行情中向上走时，这些平仓的投资者又开始后悔，并再次入场做多，不过此时银价可能已经达到了相对高位，投资者在最高处买入不久，就面临银价的下跌。因此，出现亏损也在所难免。下面就通过一个简单的例子，来认识具备充足耐心的重要性。

如图 10-6 所示为现货白银 2015 年 10 月 ~ 2016 年 3 月的 K 线图。

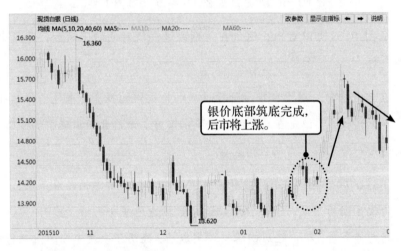

图 10-6 现货白银 2015 年 10 月 ~ 2016 年 3 月 K 线图

从图 10-6 可以看出，银价经过前期大幅下跌后，开始进入底部盘整行情中。如果投资者在银价开始盘整期做多现货白银，则需要等待几个月的时间。这对于许多投资者来说，已经失去了耐心。

在 2016 年 2 月初，银价突破了底部筑底走势，并连续收出多根中阳线或大阳线，没有耐心的投资者就会失去此次盈利的机会。当然，还有一些投资者看到银价后期走势不错，开始进场追高，而此时银价已经达到了阶段性高位，后市开始回落，这时投资者将面临巨大亏损。

10.4 现货白银投资风险防范

正所谓"投资有风险，入市需谨慎"，虽然投资现货白银可能会给投资者带来丰厚的收益，但高收益也意味着高风险。因此，投资者必须对现货白银投资进行风险防范。

1. 现货白银投资的风险有哪些

投资者在进行现货白银交易时，会涉及许多操作环节，而在这些环节上又面临一些不确定性因素，风险就因此而产生。而投资者需要了解和承担的风险一般包括政策风险、银价波动风险及不可抗力风险等。下面就来认识一下现货白银投资中常见的风险。

■ 政策风险

国家的法律、法规及政策不是一成不变的，它们会根据当前的民生或经济情况等，随时发生改变。例如，紧急措施的出台、相关监管部门监管措施的实施，以及交易所交易规则的修改等，都有可能对投资市场产生重大影响，进而影响到投资者的投资。如果是较好方面的影响，则有利于投资；如果是不利方面的影响，则需要投资者自行承担相应损失。

■ 银价波动风险

从第 2 章可以看出，现货白银作为一种特殊的具有投资价值的商品，其价格变化受多种因素的影响，如地缘政治局势因素、全球的金融因素及白银供求关系等。

除此之外，这些因素对现货白银价格的影响机制也非常复杂，投资者在实际操作中很难做到全面把控，因为可能出现投资失误的情况。如果不能有效控制这些风险，投资者将面临较大的损失，而这些损失同样需要投资者独自承担。

■ 交易风险

因为交易所的贵金属现货延期交收交易业务，具有低保证金和高杠杆比例的投资特点，它们可以使投资者快速盈利，也可以使投资者快速亏损。如果投资者建仓的方向与行情波动方向相反，则会出现较大亏损。同时，根据亏损的程度不同，投资者还必须随时追加保证金，否则自己的仓位将会被强行平仓，从而出现更大的亏损。

投资者在交易所的交易系统内，通过网上交易机构提交的多单或空单一旦成交，就不能再撤销；投资者通过会员以电话的方式下单，一旦经过会员交易机构报价确认成交后，同样不能撤回。这两种交易方式所带来的风险，都需要投资者自己承担。

■ 不可抗力风险

不可抗力风险是指任何因交易所不能控制的原因，其中主要包括地震、水灾、火灾、罢工、战争、政府管制、技术故障以及国际或国内的禁止或限制等其他无法预测和防范的不可抗力事件，它们都有可能会对投资者的交易产生影响。

2. 现货白银投资应谨防哪些骗局

在 2016 年 3 月 15 日的央视晚会中，曝光了现货白银投资骗局。此时，许多投资者才发现，自己的交易平台或机构竟然是假的，自己一直处于一个骗局当中。同时，这也使得许多正规的交易平台与机构受到无辜的波及。所以在现货白银投资中，除了银价走势比较复杂需要用心去分析外，存在的骗局也极为复杂，也需要投资者去谨慎辨别。

其实，现货白银投资属于一种正规的投资方式，它绝对不是骗局。现货白银投资是投资者通过对银价走势进行预测，从而做出做多或做空的选择，并最终获得盈利。那么，市场中的现货白银骗局又是如何出现的呢？

现货白银骗局出现的主要原因，是因为投资者受到了巨额利益的驱使。现货白银与股票相比，具有双向买卖、24 小时不间断交易、T+0 操作及以小博大等优势，这些优势直接吸引着投资者前赴后继地进入现货白银市场。虽然市场没有问题，但在面对如此巨大的利益，且在法律不健全的情况下，许多不法分子开始通过现货白银进行非法活动。

其实，现货白银投资中的骗局模式非常简单。首先，不法分子利用现货白银的优势吸引到大批的投资者，特别是新手投资者；然后，通过杠杆交易模式进行交易，先给投资者一些开户小利，再人为地进行反向操作，最终使投资者被套。其实这种模式在其他商业活动中也能看到，投资者起初以为占到了小便宜，就开始大量投资，最终沦为现货白银骗局的牺牲品。

从现货白银投资的角度来看，其投资模式相对于股票来说，确实有很大的进步，由于它是直接与国际接轨，可以避免受到内幕交易的影响。但也有不少不法分子利用法律漏洞以及投资者的轻信，开展各种现货白银投资骗局。

3．现货白银投资如何进行风险控制

风险对于投资者来说都不陌生，且在投资过程中，风险也是投资者最为担心的因素。前面介绍的现货白银风险主要是投资者无法控制的风险，而另外一些风险投资者是可以控制的，控制好这些风险就可以减少亏损和增加盈利的机会，具体包括如下。

◆ **盲目操作**：在交易中，一些投资者容易进行盲目操作，而没有正确的期望值交易策略，也没有考虑过别人的交易策略是否适合自己。因此，投资者需要在交易中总结经验，从而制作一个适合自己的交易策略。

◆ **不对亏损进行控制**：现货白银投资就是概率选择事件，交易不可能百分之百成功，也不可能百分之百失败。若某交易策略成功率为80%，那么交易100次，大概有80次成功，20次失败。若20次亏损就把80次的盈利全部亏掉，该次交易同样没有意义。因此，控制亏损大小是现货白银投资风险控制的一个重要因素。

◆ **不对仓位进行控制**：在交易过程中，投资者心态会直接影响交易的成功率，仓位比例越大，对盈利和亏损的影响就越大。如果投资者的仓位过大，亏损过多，那么投资者心态就会变差，容易影响判断和操作。因此，控制仓位也是现货白银投资风险控制的一个重要因素。

◆ **不会自我控制**：现货白银投资风险控制最终的方式是自我控制，因为交易的成功只是概率事件，亏损只是概率中的一小部分。那么，如果出现亏损时，投资者就需要按照交易策略指示进行止损。多数成功的投资者通过交易风险控制获得成功。但控制风险可能与投资者的想法相悖，所以它需要具有高度的自我控制能力。

读 者 意 见 反 馈 表

亲爱的读者：

感谢您对中国铁道出版社的支持，您的建议是我们不断改进工作的信息来源，您的需求是我们不断开拓创新的基础。为了更好地服务读者，出版更多的精品图书，希望您能在百忙之中抽出时间填写这份意见反馈表发给我们。随书纸制表格请在填好后剪下寄到：北京市西城区右安门西街8号中国铁道出版社综合编辑部 张亚慧 收（邮编：100054）。或者采用传真（010-63549458）方式发送。此外，读者也可以直接通过电子邮件把意见反馈给我们，E-mail地址是：lampard@vip.163.com。我们将选出意见中肯的热心读者，赠送本社的其他图书作为奖励。同时，我们将充分考虑您的意见和建议，并尽可能地给您满意的答复。谢谢！

- -

所购书名：_____

个人资料：

姓名：_____ 性别：_____ 年龄：_____ 文化程度：_____

职业：_____ 电话：_____ E-mail：_____

通信地址：_____ 邮编：_____

您是如何得知本书的：

□书店宣传 □网络宣传 □展会促销 □出版社图书目录 □老师指定 □杂志、报纸等的介绍 □别人推荐
□其他（请指明）_____

您从何处得到本书的：

□书店 □邮购 □商场、超市等卖场 □图书销售的网站 □培训学校 □其他

影响您购买本书的因素（可多选）：

□内容实用 □价格合理 □装帧设计精美 □带多媒体教学光盘 □优惠促销 □书评广告 □出版社知名度
□作者名气 □工作、生活和学习的需要 □其他

您对本书封面设计的满意程度：

□很满意 □比较满意 □一般 □不满意 □改进建议

您对本书的总体满意程度：

从文字的角度 □很满意 □比较满意 □一般 □不满意
从技术的角度 □很满意 □比较满意 □一般 □不满意

您希望书中图的比例是多少：

□少量的图片辅以大量的文字 □图文比例相当 □大量的图片辅以少量的文字

您希望本书的定价是多少：

本书最令您满意的是：

1.

2.

您在使用本书时遇到哪些困难：

1.

2.

您希望本书在哪些方面进行改进：

1.

2.

您需要购买哪些方面的图书？对我社现有图书有什么好的建议？

您更喜欢阅读哪些类型和层次的理财类书籍（可多选）？

□入门类 □精通类 □综合类 □问答类 □图解类 □查询手册类 □实例教程类

您在学习计算机的过程中有什么困难？

您的其他要求：